Cuentos para quererse

Autoestima para niños y j...

Cuentos para quererse más

Autoestima para niños y jóvenes

Rosa Ma. Badillo

Cuentos para quererse más
Autoestima para niños y jóvenes
© Rosa Ma. Badillo Baena

ISBN: 84-277-1308-8, edición original publicada por
© **Narcea, S.A. de Ediciones.** Madrid, España.
Todos los derechos reservados en lengua española

Diagramación:
Mónica Gómez L.

Ilustraciones:
Laura Elenes

Al cuidado de la edición:
Martha E. Figueroa Gutiérrez
Martha Cupa León
Héctor Germán Asenjo

© **2001 ALFAOMEGA GRUPO EDITOR, S.A. de C.V.**
Pitágoras 1139, Col. del Valle 03100, México, D.F.

Miembro de la Cámara Nacional de la Industria Editorial Mexicana
Registro No. 2317

Internet: **http://www.alfaomega.com.mx**
Correo electrónico: **ventas1@alfaomega.com.mx**

ISBN 970-15-0699-5

"Y haced aquello que a vosotros os faltó
que se os hiciera para que en cada
generación los árboles sean más rectos".

Cayetano Arroyo

Dedico este libro con todo mi amor:
A mi hermana Carmen, luz de mi corazón,
mi más entrañable compañera de infancia.

A mi padre, Antonio Badillo Hidalgo,
hombre de agua, todo mar, que sembró
en mi hermana, mi hermano y en mí,
con su voz llena de magia y de ternura,
las riquísimas semillas de los cuentos.

Y a los trovadores y trovadoras que han
regado nuestro amado planeta, de música,
de leyendas, de cuentos y de poesías,
recordándonos que merece la pena vivir.

En especial a mi gran amigo y maestro
Hans Christian Andersen, in memoriam.

Agradecimientos

Quiero expresar mi más sincero agradecimiento a las personas que han creído en mí y me han brindado su apoyo incondicional. Su existencia me da fuerza para desplegar mis alas; su cariño y su sinceridad son el viento que impulsa mi vuelo.

Gracias a Pepe y Carmen, maestros de Teba, que me abrieron la puerta de su corazón el día que presenté mi primer libro de cuentos, y que han seguido abriéndome puertas... Vuestra amistad es para mí uno de los tesoros más preciados de mi vida.

Gracias a Pepe Núñez, querido maestro de Ardales, que ha puesto en práctica la Didáctica del Ser en el colegio público del Sagrado Corazón, cuando estaba en mantillas.

Gracias a José Ma., a Conchita..., del colegio León Motta de Antequera, y a tantos amigos maestros, por contar mis cuentos.

Gracias a Kepa Osoro, maestro de Madrid y entrañable amigo, por su apoyo, su sabio consejo y su exquisita sensibilidad.

Gracias a mi familia y a mis amigos por darme tanto ánimo para seguir con mi labor creadora; gracias a Juan, mi compañero, por su apoyo y por todo el amor que me demuestra cada día; y a mi sobrina María, fuente de inspiración.

Gracias a la editorial por la publicación de mi obra y por percibir el valor que tiene este libro para la comunidad educativa. Gracias por vuestra amabilidad y vuestra sabiduría.

Gracias a todas las personas y a todos los niños que me han pedido un nuevo libro de cuentos. Ya lo tienen aquí.

Contenido

Introducción

Enseñando a vivir

Cuentos para quererse más nace como respuesta a los retos que la sociedad actual presenta a la educación de niños, niñas y jóvenes. Es un libro valioso porque enseña a vivir, integrando la enseñanza de la autoestima y la fortaleza, necesarias para afrontar la vida, con la enseñanza instrumental. De este modo, los niños y niñas, a la vez que aprenden a desarrollar la confianza en sí mismos, adquieren el gusto por la lectura y la escritura, cultivan sus capacidades artísticas y despiertan su interés por el conocimiento de la naturaleza y de las relaciones sociales.

Para conseguir estos fines, esta obra se basa en la sabiduría ancestral que nos brinda el *cuento*, el instrumento más antiguo del arte de enseñar, y su aplicación didáctica. Con objeto de que los valores y los conocimientos se afiancen en los niños y niñas, cada cuento está acompañado de una serie de sugerencias didácticas que se engloban bajo el título de *Didáctica del Ser*.

Los *cuentos*, que presentamos, están creados conscientemente, utilizando elementos tan importantes de la sabiduría tradicional como son los símbolos y los arquetipos, además de su estructura fundamental: *personaje + conflicto +solución*. Este esquema tan sencillo que tiene como sustrato profundo la rueda vital de *nacimiento + muerte + renacimiento*, lleva implícita la fórmula del aprendizaje humano. Se ha expandido como una onda desde los albores de la humanidad por los ríos subterráneos de las edades, de los siglos, emergiendo en la razón de la dialéctica hegeliana: *tesis + antítesis + síntesis*, y en las teorías de Piaget sobre el aprendizaje, donde se nos muestra cómo deviene la madurez infantil al afrontar e integrar obstáculos. El cuento nos recuerda algo que está escrito en nuestros genes: en la herida está el camino del aprendizaje. Esto lo sabían muy bien nuestros ancestros, inventores y propagadores de cuentos y leyendas. Por eso rememoraban el latido de la destrucción y la construcción en sus viejas historias, donde el héroe remontaba los obstáculos de la vida haciéndose más sabio. Para ellos, era imprescindible recordar a los miembros de la comunidad que éste era el ritmo del crecimiento, inscrito en los ciclos cósmicos y en la propia naturaleza. Los creadores de mitos sabían que era necesario *contar para vivir*.

Podemos añadir que los cuentos han sido utilizados por la humanidad a lo largo de la historia como una verdadera medicina sanadora, que ayuda a superar los miedos y propicia la evolución humana. Su poder terapéutico ha sido demostrado por el psicoanalista Bruno Bettelheim, autor del libro: *Psicoanálisis de los cuentos de hadas*, quien observó cómo los niños y niñas que acudían a su consulta se refugiaban en un cuento específico, dependiendo de su problema, para aliviar sus traumas. Todos los aspectos y contenidos, antes mencionados, se han tenido en cuenta al redactar este libro. Y ello avala su utilidad para el profesorado y para la escuela. Ésta habrá de evolucionar, transformando su concepto de educación, si quiere responder a los conflictos que cercan a la infancia y a la juventud. En muchas ocasiones, la escuela ha enseñado unos conocimientos desconectados de la vida; pero la problemática actual: la carencia de horizontes sociales y laborales, la violencia, la droga, la desigualdad sexual, el consumismo, la apatía, la confusión, la falta de orientación en los estudios, etc., exige que se abra a una forma más sabia de educar, en sincronía con la realidad. Hoy, uno de los grandes retos sociales de la escuela es: *enseñar a vivir*.

Los conflictos mencionados, y otros muchos, contienen sus propias respuestas, que podemos encontrar, si los enfocamos, no como callejones sin salida, sino como oportunidades para crecer. Es entonces cuando nos señalan el camino para evolucionar en la dirección correcta: crear una educación más consciente.

Cuentos para quererse más trata de responder a esta nueva concepción de la educación:

- Promoviendo la autoestima, el autoconocimiento y el reconocimiento de los talentos y dones que se poseen.

- Creando actividades para conocer la propia vocación.

- Fomentando la creatividad, como alternativa a la violencia.

- Favoreciendo la comunicación y el diálogo, como base para construir la paz.

- Ejercitando y difundiendo el derecho a gozar de la vida.

- Desarrollando la coeducación.

- Facilitando estrategias para superar el miedo a crecer, el miedo al abandono, el miedo a hablar en público, etc., así como el complejo de inferioridad y la timidez.

- Teniendo en cuenta la integración del cuerpo y la mente en el aprendizaje.

- Respetando los ritmos internos y personales de crecimiento.

- Descubriendo el poder del lenguaje y de la palabra, como creadores del pensamiento y de la realidad.

- Encontrando lo grandioso en lo cotidiano.

- Aprendiendo la sabiduría de la naturaleza.

Queremos señalar que estos fines, además de otros que están implícitos en el libro en forma de cuentos y de actividades, tienen más posibilidades de convertirse en respuestas reales si los padres y los abuelos se implican en la educación de sus hijos y nietos. En efecto, que la familia asuma su responsabilidad en la educación de sus hijos e hijas, significa evitar que muchos niños y jóvenes se consideren fracasados en la escuela, porque nadie puede observar y conocer mejor los talentos genuinos de los niños, que su propia familia.

Cuentos para quererse más es un libro dirigido a maestras y maestros y a todos los educadores y educadoras que trabajan con niños, niñas y jóvenes; también será especialmente útil a los padres, madres y abuelos interesados en enseñar aprendiendo y en aprender enseñando; a todos ellos les ayudará a sentirse motivados, para educar a las nuevas generaciones que pujan por tener su lugar en el mundo.

En definitiva, el libro está especialmente dirigido a aquellas personas que creen que las soluciones se construyen paso a paso, y desde el presente; a quienes son capaces de saber esperar y de permitir que cada persona crezca autónomamente, descubriendo su propio proceso y sus propias capacidades, para ofrecerlas después a la sociedad; a quienes están interesados en que existan, cada vez más, niños y niñas que logren realizarse como personas.

Ojalá que *Cuentos para quererse más* los inunde con su magia.

Sugerencias didácticas para la lectura de este libro

Cuentos para quererse más es un libro que pueden emplear los maestros en los diferentes cursos que imparten. Los cuentos están enfocados para distintos grados de comprensión lectora; cada uno tiene al final una serie de sugerencias didácticas que cobran sentido en función de los textos. Dichas actividades reciben el nombre de *Didáctica del Ser* por fomentar, entre otros valores y capacidades, primordialmente la *autoestima*. En cuanto a los niveles de comprensión lectora, hay que señalar que están indicados con una serie de símbolos que muestran a partir de qué edad es más fácil acceder a los textos. Estos mismos símbolos se pueden encontrar reseñados en el contenido, al lado del título de cada cuento:

- A partir de 6 años.
- ●● A partir de 8 años.
- ●●● A partir de 12 años.

Por otra parte, se ha añadido un símbolo más, junto a algunos cuentos, en función del interés de su contenido para los siguientes grupos sociales:

- ◆ Especialmente adecuado para jóvenes y adolescentes.
- ◆◆ Especialmente adecuado para padres.

Conviene insistir en que estas sugerencias sólo pretenden facilitar la lectura, de ninguna manera quieren determinar el acercamiento del lector y la lectora a los cuentos que se narran. Cada cuento posee un mensaje muy profundo para mejorar nuestras vidas, aun estando escrito de una forma sencilla con el fin de poder llegar a los niños*.

La mejor sugerencia que se puede dar a las lectoras y lectores para que disfruten de estos cuentos, es que los descubran siguiendo su intuición y se apropien de las historias que más les lleguen al alma, pues la edad no deja de ser un concepto arbitrario en cuanto a sensibilidad y madurez se refiere.

---

* Para que la lectura del libro resulte más sencilla, se ha evitado utilizar conjuntamente el género femenino y masculino en aquellos términos que admiten ambas posibilidades. Así, cuando se habla de «niño», se entiende que se refiere al niño y a la niña, y aludir a la "maestra" no excluye la existencia de maestros.

Prólogo

Las hojas del tilo

Quiero explicarles, amigos, por qué motivo escribo cuentos. Hasta hace muy poquito no me he dado cuenta de la magia que se quedó prendida en mis manos cuando era una niña y jugaba con las hojas del tilo. No podía guardar por más tiempo este maravilloso secreto y aquí les cuento mi historia.

Había en mi colegio un árbol gigante y frondoso cuyas ramas crecían por la gran pared del patio donde jugábamos durante el recreo. Su tronco era pequeño, pero su fuerza era inmensa pues había conseguido llegar hasta el cielo. Al menos eso me parecía a mí, que siempre iba a contemplarlo mientras me comía el bocadillo, para después jugar con sus hojas. Recuerdo cómo me empinaba para tomar la más hermosa de sus hojas tan ancha y verde, de tan exquisito perfume, que contenía todo un bosque para mis ojos. Debo decir que este fue el único árbol de mi infancia, ya que crecí en una calle huérfana de verdes amigos. Así que tomaba una hoja, la acariciaba por delante y por detrás, me deleitaba tocando su superficie rugosa, luego la olía profundamente, yo diría que la escuchaba a través de mi nariz y más tarde comenzaba el rito. Lentamente, muy lentamente, la iba despojando de su carne para dejarle sólo las venas claras que surcaban su enormidad. Me parecían ríos mayores y pequeños afluentes que se iban quedando sin el verde mar de sus riveras para entretener a una colegiala que jugaba a ser diosa sin saberlo. Al final del ritual la fragancia de aquel árbol en forma de líquido siempre impregnaba mis manos como una ofrenda anónima de la ardiente vida que palpitaba en su interior.

Crecí y no supe más del árbol de mi infancia. Pasé por el instituto, por la universidad, comencé a escribir cosas muy serias y difíciles de entender para un niño. Yo también me convertí en una mujer muy seria que daba conferencias, enseñaba, escribía artículos de carácter social y conocía a mucha gente. Fui andando por la vida sin saber que algo rebullía en mí, un misterio profundo me había acompañado desde mi niñez. El mismo que empezó a florecer cuando escribí mi primer cuento. Hasta yo misma estaba asombrada de cómo por mis manos fluían las historias fantásticas de muchos seres que en forma de personajes nacían de mi corazón. No conformándome con esto, también empecé a escribir poesía, y fue precisamente una amiga poeta la que me dio la primera pista de lo que sería el gran secreto de mi existencia. Mi amiga Alicia Wagner me habló de un árbol venerado por los alemanes que crecía al lado de las fuentes y de las escuelas, era el árbol del tilo. Después me cantó una canción sobre él, llena de añoranza; despertando en mí una curiosidad inusitada sobre cómo podía ser aquel árbol que inspiraba tan bellos sentimientos.

Sin duda, una puerta se abrió para darme a conocer el origen de la magia que impregnaba mis manos. Un día, sin esperarlo, abrí un libro sobre árboles y encontré un maravilloso tilo con sus hojas dibujadas en grande. Mi mente, que había estado dormida, por fin recordó al árbol que había tallado mi infancia de verde esperanza. Sentí un inmenso amor por quien fue mi compañero de juegos, lo que no sabía era que me iba a estremecer al leer la letra pequeña de aquella página donde se perfilaba su silueta.

Decía que aquel árbol era el favorito de las hadas, que lo habitaban desde tiempos inmemoriales con un fin: dejar impresa en cada una de sus hojas la fórmula mágica que impediría que se acabaran los cuentos en el mundo. Porque el niño que tocara alguna de sus hojas, recibiría el don de escribir cuentos sobre las cosas sagradas de este planeta. Y es más, aunque no quisiera escribirlos, los contaría tarde o temprano, pues la savia del tilo lo empujaría a imaginar historias que tendría que parir irremediablemente si no quería morir de tristeza, por estar tan embarazado de cuentos, de leyendas, y no darlos a luz.

Miré mis manos y quedé prendada por el secreto que contenían, por haber jugado con las maravillosas hojas del tilo siendo niña, tenía la profesión más hermosa y luminosa: descubrir la magia sagrada que impregna todas las cosas, el profundo misterio que anima a la vida y después escribirlo en forma de cuentos. De veras, me sentí como un hada, porque ahora aquel árbol mágico que me empujaba dentro, contaría con todas mis fuerzas para fructificar. Y por cada una de las hojas con que jugué escribiría un cuento, como los que aquí les presento hoy.

Fruto de este árbol también es la *Didáctica del Ser*, título que he dado a las sugerencias y actividades que acompañan a cada cuento, y cuyo fin es que los niños sean felices aprendiendo en la escuela, tanto como los maestros transmitiendo su saber. Son sencillas sugerencias para que los maestros aprendan, enseñando a los niños, todas las posibilidades que brindan los cuentos. Entre ellas, la de descubrir la semilla que llevan dentro, la de saber lo que son. Porque los pequeños son delfines. Este nombre no sólo lo reciben las criaturas más sabias del mar; antiguamente también se llamaba así a los pequeños príncipes herederos de un gran reino. Sí, los niños son príncipes y princesas, futuros reyes y reinas del gran reino que es su vida. Cada uno de estos cuentos es una perla para su corona, y cada una de las actividades un camino abierto para que exploren lo mejor de ellos mismos.

Por otra parte quiero comunicarles que estos cuentos no sólo son para niños; estos cuentos no tienen edad; a pesar de su sencillez, comprobarán cómo los cuentos que están en sus manos, son verdaderas metáforas transformadoras que pueden servir a todas las personas para evolucionar y autorrealizarse. Por lo tanto, los jóvenes y los adultos también pueden beber de su manantial, pues he incluido cuentos especialmente para ellos. También es importante que sepan que pueden convertir estas narraciones en *palabra viva*. Desde aquí, los invito a que las cuenten, para hacer presente el viejo placer de contar. Así, casi sin darse cuenta abrirán su alma a la magia de la vida; además experimentarán el gozo de volver a ser niños.

También deseo tratar dos cuestiones que nos interesan mucho a los maestros y que son claves para entender este libro. La primera, si es factible transmitir autoestima a través de los cuentos, y la segunda, si es necesario educar a los niños, a los jóvenes y a los adultos en este sentido. Las respuestas que hallarán a continuación, nacen de mi investigación diaria, de la aplicación de los cuentos como instrumento transformador, incluso terapéutico, en grupos educativos de diferentes edades pertenecientes a Educación Infantil, Primaria, Secundaria, Educación de Adultos, grupos de maestros, etc.; siempre con unos resultados excelentes. Pero, sobre todo, respondo con plena conciencia de ello, por haber experimentado los infinitos beneficios de los cuentos, sus inmensas posibilidades, su magia transmutadora, en mi propia vida y en la de mis seres más queridos. De hecho, es tanto su poder, que siendo niña los guardé como semillas en mi alma, y tal ha sido su florecimiento, que hoy definen mi vocación y mi profesión.

Así pues, puedo afirmar que los cuentos son uno de los más grandes tesoros que posee la humanidad. Desde tiempos remotos nos han ayudado a vivir, dándonos fuerzas para superar los conflictos y encontrar la luz en la oscuridad. Han sido canales de una sabiduría tan profunda que han hecho posible que a través de todos los tiempos, se transmita el calor de la humanidad y el valor de seguir viviendo, de generación en generación. He creado mis cuentos con esta sabiduría, y quizás, al leerlos sientan ese calor del que les hablo, una energía que inunda al ser de esperanza.

Creo que los cuentos que nos muestran la problemática de la existencia, aun de forma simbólica, y nos dan alternativas, hay que potenciarlos; porque ahora más que nunca necesitamos creer en el poder de la vida. Como adultos sabemos que las circunstancias sociales no ofrecen horizontes a las nuevas generaciones. Vemos cómo una parte de la juventud se destruye absorbida por la espiral del consumismo, de la droga y de la violencia. Y nos preguntamos: ¿qué pasará con nuestros hijos, con nuestros alumnos?, ¿cómo educarlos para el mundo que les ha tocado vivir?

La sociedad exige cambios muy profundos y nos lanza importantes retos a través de los grandes conflictos que nos presenta, para que evolucionemos. La escuela y la familia también tienen que evolucionar hacia una educación más consciente. Es necesario que comiencen a transmitir *autoestima* a los niños para que, cuando crezcan, puedan afrontar y transformar la realidad. A mi entender, el valor de la autoestima es el bien más preciado de nuestros tiempos; permite a la persona creer en sí misma y conocer sus recursos para crear su lugar en el mundo. Con el fin de fomentar la autoestima y dar a conocer los manantiales de que se alimenta, como son: la creatividad, gozar de la vida, crecer sin miedo, encontrar nuestra vocación..., he creado una serie de actividades, elaboradas sobre la base de los cuentos aquí presentados.

Estas actividades constituyen una *Didáctica del Ser* porque responden a la necesidad de transmitir valores que generen autoconfianza en los niños y los jóvenes, para que desarrollen su capacidad de transformar las situaciones negativas en fuente de aprendizaje y autoestima. Son actividades muy sencillas que pueden compartir alumnos y maestros, donde el saber está íntimamente unido al placer. *La Didáctica del Ser* es una propuesta de enseñanza donde se integran de una forma amena y gozosa, los contenidos a impartir con la transmisión de valores. Esta es una verdadera rueda de sanación que si se pone en movimiento beneficia a todos los que se impliquen en su realización.

En cuanto a su utilización, me gustaría que quien leyera estas sugerencias didácticas siguiera su intuición, sus gustos, a la hora de elegir las actividades para ponerlas en práctica. Sobre todo que se planteara disfrutar con ellas dejando espacio a los niños para que descubrieran, se sorprendieran, expresaran su ser, investigaran, crearan...; pues el objetivo de esta didáctica es apoyar el desarrollo de todas sus capacidades. Por último, comunicarles que mi más profundo deseo es que la *Didáctica del Ser* les sirva de inspiración para crear sus propias actividades. Entonces cumpliría totalmente con su propósito esencial: continuar la labor de transmitir la fuerza sagrada y remota del río de la vida.

La tarde de plata

El derecho a disfrutar de la vida

Cuentan las olas del mar la historia de un pequeño rey, de nombre Samuel, que no sabía jugar ni reír. Vivía en un maravilloso palacio azul situado al borde de los acantilados de la isla de la luz. Y eran tantos sus deberes que no le permitían ser un niño. En su vida, sólo existía un único placer: escapar a la playa para mirar el océano que lo llamaba como si quisiera revelarle sus secretos.

Cuentan las olas que Samuel deseaba ser un delfín para sumergirse en el mar y recorrer todos los países acuáticos, donde las aguas –según le habían dicho– eran de bellísimos colores. Un día su deseo fue tan grande, tan grande, que despertó a la diosa del océano de su sueño de

19

siglos. Lamar apareció ante sus ojos con un hermoso traje de espuma y le dijo que le concedería su deseo, pero tenía que esperar a la tarde de plata, el único momento en que los humanos podían convertirse en delfines.

El pequeño rey esperó y esperó, hasta que una tarde un hermoso resplandor plateado surcó el horizonte, las aguas brillaban tanto que parecían encantadas. El niño escuchó unas extrañas voces que iban acercándose a la orilla, eran los delfines que lo llamaban: ¡Samuel, Samuel!... Sin dudarlo, el rey niño se quitó la corona y se arrojó al mar. En ese mismo instante, su cuerpo comenzó a transformarse, le nacieron aletas y su piel se volvió resbaladiza como la de un delfín.

Cuando logró ser un delfín, siguió a los otros delfines que se convirtieron en sus hermanos y le mostraron todos los secretos del mar. En las profundidades marinas no existía el tiempo ni la luz, miles de peces pequeños navegaban de un sitio para otro, mientras algunas plantas muy extrañas ocultaban a los peces grandes. Pero a los delfines, más que explorar las profundidades, lo que les gustaba era nadar en la superficie. Por encima del horizonte, jugaban a dar enormes saltos hasta tocar el sol. Samuel aprendió de sus compañeros a desafiar a las olas, así como a reír y a jugar, lo que nunca le enseñaron en su reino.

También lo instruyeron sobre los peligros del mar, pero lo que nunca pudo imaginar el niño delfín era que sus peores enemigo serían los humanos. Pronto pudo comprobarlo, al tener que huir de las redes de los pescadores para salvar la vida. Fueron muchas las aventuras que vivió Samuel en el fondo marino, sin embargo, una de las más asombrosas le sucedió un día de tempestad. El mar quería alcanzar el cielo, y en su arrebato, hizo naufragar un barco. Sin él esperarlo, sus amigos los delfines montaron en sus lomos a los supervivientes para rescatarlos de una muerte segura.

Samuel montó en su espalda a un niño pequeño que se ahogaba sin esperanza. Mientras nadaba hacia la costa, por un misterio insondable fue recordando su infancia y cuando se acercó a la playa vio su palacio azul. ¡Qué extrañas circunstancias lo hacían volver a su isla. Así fue como por primera vez, desde que habitaba en el fondo del mar, añoró ser un niño.

Después de lo sucedido, Samuel se llenó de nostalgia, quería volver a su isla. Deseó tanto regresar a la tierra que pidió ayuda a sus amigos los delfines para encontrar a la mujer del agua. Pero sus compañeros no pudieron ayudarle; él solo tenía que iniciar la búsqueda de Lamar. Para ello tuvo que salir de los confines del océano que conocía y adentrarse en los abismos. La fuerza de su deseo lo condujo hasta el límite.

Las aguas negras no lo asustaron, penetró en sus honduras y se acercó a unos peces grises que nadaban hacia la luz. Les preguntó dónde podía encontrar a la diosa de los mares. Ellos respondieron inflándose y convirtiendo sus escamas en pinchos, dispuestos a herir al intruso. El niño delfín pudo huir a tiempo de los peces globo, pero enseguida algo llamó su atención que le hizo olvidar el miedo. Vio a las más bellas flores del mar, las gorgonias, que con su movimiento ondulante lo atrajeron hasta su nacimiento. Samuel quería preguntarles por el paradero de Lamar y se acercó tanto a ellas que sintió en su piel un filo cortante, el dolor lo apartó instintivamente del arrecife de coral.

El agua se volvía cada vez más fría, así que buscó cobijo en una gruta de donde salían unas burbujas enormes. Penetró en la cueva hasta el fondo, sin saber lo que le podía esperar. No supo que era la guarida de un tiburón gigante hasta que vio sus fauces avanzando hacia él para comérselo. El miedo a la muerte lo hizo reaccionar, recordando la estrategia de los delfines ante tan crueles enemigos. Pasó por debajo del monstruo y le asestó un fuerte golpe en la barriga con su morro. El tiburón se alejó dolorido por el embate de su presa.

En ese momento, para asombro de Samuel, las paredes de la cueva se abrieron. Había encontrado la morada de Lamar, tras vencer a su guardián. Ella lo esperaba de pie, vestida con su traje de lunas, soles y estrellas, el que había bordado en su época de sirena. El pequeño delfín le comunicó su deseo de volver a ser niño. Pero la mujer del agua le puso una condición para poder ayudarlo, tenía que responderle a una pregunta: ¿Qué tesoros del mar se llevaría a la tierra?

El niño delfín pensó en las hermosas perlas de nácar, en las conchas marinas, en los antiquísimos nautilus que tanto le gustaban, en los ricos tesoros de los galeones perdidos... De pronto, Samuel recapacitó, él no podría llevarse todo aquello, además eran bellos porque estaban en su sitio. Entonces, encontró el mejor tesoro que podría llevarse a su reino y le contestó a la mujer del agua: —Me llevaré la risa y el juego, es lo más importante que me han enseñado mis amigos los delfines.

Instantáneamente el pequeño rey apareció tendido en la arena al lado de su corona, volvía a tener su cuerpo de niño. En ese momento decidió que consagraría su vida a propagar las enseñanzas de sus queridísimos amigos los delfines: enseñaría a todos los niños de su reino a reír y a jugar para que vivieran felices. Y desde aquel día mágico, cuentan las olas que en cada niño hay un delfín y en cada delfín hay un niño.

Sugerencias didácticas

Para escribir este cuento me he inspirado en aquellos niños y mayores que se han olvidado de reír y de jugar, lo más bonito de la vida; y se han dejado atrapar por la pesada carga de los deberes y responsabilidades que nos imponemos para huir de nosotros mismos. Efectivamente nos solemos fugar, refugiándonos en un deseo que quizás por no provenir de la raíz de nuestra autenticidad, nunca se cumple. Muchas personas, de este modo, nos hemos convertido en un pez resbaladizo, de piel tan escurridiza que jamás nos dejamos tocar por la realidad y aún menos por los sentimientos de los otros, siempre navegamos en la superficie. Afortunadamente, en un momento de nuestra vida tomamos contacto con nuestro niño herido y anhelamos recobrar nuestro ser, incluso arriesgándonos hasta el límite. Desde luego, recuperaremos todo lo perdido si tenemos el valor de darnos respuestas auténticas dejando aflorar, salir a la luz, lo más genuino de nuestra humanidad. Este cuento trata de despertar el arquetipo del bufón en nuestra vida, esa parte de nosotros que sabe vivir el momento y gozar del presente. Nos recuerda que reír y jugar es algo sagrado para los niños, y que ello se puede hacer extensivo a la escuela a través de estas actividades cuyo fundamento es el placer de saber.

ACTIVIDADES QUE SE PUEDEN REALIZAR

CONTAR   o leer el cuento *La tarde de plata*.

DIALOGAR   sobre qué enseñarían a un niño que no sabe reír ni jugar. ¿Conocen a alguien en estas circunstancias?

DISFRUTAR   al mirarse al espejo por las mañanas y preguntarse: ¿qué puedo hacer hoy para ser feliz? Elegir dos cosas y realizarlas a lo largo del día.

BUSCAR   recortes de periódicos y revistas sobre el fondo marino como apoyo para expresar nuestra visión del mar y de los tesoros que guarda.

ESCUCHAR   una cinta con sonido de las olas del mar, de los delfines, de las ballenas... ¿Qué quieren decirnos?

SENTIR   cómo se vive en el agua, metiendo las manos durante un rato
              en una palangana. Después comentar la experiencia.

MIRAR   diapositivas sobre el fondo marino o ver un documental.

CREAR   un mural con dibujos propios y recortes sobre el fondo del mar.
              Escribir en él una historia inventada.

VER   en video la película «Flipper» para averiguar entre otras cosas
              qué tienen en común los delfines y los humanos.

INVITAR   a un lobo de mar, marinero o marino para que nos hable de su
              vida y de todo lo que sabe sobre el océano.

AFIRMAR   Estoy abierto a recibir lo mejor de la vida.
              La alegría es la puerta del amor.

Balaja, el rey del bosque

Crecer sin miedo

Esta es la historia de una niña y un imponente animal. Sucedió, según cuentan las hadas y las abuelas, en el tiempo de las primeras escuelas, cuando los niños no tenían libros, ni lápices, ni papel, y menos aún gomas de borrar.

Por aquel entonces los bosques estaban tan cerca de los pueblos, que dando tan sólo unos pasos podías adentrarte en ellos. Ahí habitaban magníficos seres como Balaja, un ciervo cuya misión consistía en cuidar de los árboles y de los animales.

Para ello tenía cualidades mágicas, podía convertirse en todo lo que pudiera imaginar, gracias a un secreto que sólo él sabía. Balaja, era el rey del bosque.

Un día le comunicaron que un ser extraño había penetrado en su reino. Era una niña que parecía haberse perdido.

Efectivamente, María había salido huyendo de la escuela, porque esa noche se le había caído un diente y cuando llegó a clase sus compañeros se rieron de ella.

–¡María está mellada! –corearon entre todos para molestarla.

Ella salió corriendo para que nadie viera sus lágrimas y, sin darse cuenta, se encontró en la espesura del bosque. Enseguida, se escondió entre las raíces de un gran árbol para que nadie la encontrara y siguió llorando avergonzada.

Balaja se apresuró corriendo hasta el lugar donde estaba la niña; quería ayudarla y para no causarle temor, pensó en utilizar su magia para acercarse. Para ello, pronunció la gran palabra secreta que le permitía transformarse en lo que deseara: *¡Rustinuf!*

De pronto, sus patas comenzaron a crecer hasta convertirse en gruesas raíces, su piel se tornó rugosa y de su cornamenta brotaron hermosas hojas. Tan bueno era su disfraz de árbol, que los pajarillos empezaron a anidar en el hueco de sus ojos.

Balaja acarició con sus hojas a María, y en el lenguaje de los árboles le dijo que no tuviera miedo. Pero comprobó que los humanos ya no recordaban el lenguaje de las plantas. La niña se limitó a apartar las ramas que se movían ante sus ojos.

El gran ciervo no se rindió y volvió a pronunciar la palabra mágica:

¡Rustinuf! Esta vez se convirtió en un río de aguas cristalinas y comenzó a salpicar el rostro infantil para devolverle la alegría.

María seguía sin darse cuenta del mensaje, retirándose al instante para no ser mojada. Balaja comprobó que los humanos también se habían olvidado del lenguaje de los ríos. Aun así probó de nuevo y lanzó la palabra mágica: *¡Rustinuf!*

Sus patas se volvieron de algodón, su cuerpo era esponjoso y blandito, además podía mirar desde el cielo. Esta vez se convirtió en una hermosa nube, pero ni siquiera logró que la niña mirase hacia arriba.

Tras lo sucedido, Balaja decidió presentarse ante la niña con su verdadera apariencia. El rey del bosque era un animal imponente, su inmensa cornamenta descansaba sobre un cuerpo robusto cuya piel tenía matices naranjas y dorados. Se acercó a María muy despacio y le tocó con el hocico.

La niña sintió un gran escalofrío y temió ser devorada por aquel magnífico animal. Sin embargo, era tal la ternura que irradiaban sus ojos que la niña se apaciguó nada más con mirarlos, dándose cuenta enseguida de que nunca le haría daño.

Balaja le preguntó a la niña varias veces por qué se había escondido en el bosque. Pero María no abrió la boca, pues no quería que nadie supiera que estaba mellada.

Ante tanta resistencia, al ciervo no le quedó más remedio que utilizar su magia. Recurrió a la palabra archisecreta heredada de sus antepasados y apenas exclamó: *¡Rustinuf!*, se introdujo en la chiquilla, averiguando rápidamente lo que le sucedía.

–Vaya, se te ha caído un diente y tus compañeros se han reído de ti –dijo

Balaja meneando la cabeza en señal de desaprobación-, mi olfato me dice que por eso has perdido la sonrisa. ¿Es cierto María?

La niña se quedó boquiabierta cuando oyó su nombre, dejando al descubierto la mella que pretendía ocultar y asintió con asombro. Balaja siguió hablándole para tranquilizarla.

-¿Sabes una cosa? Lo que te ha pasado a ti, le pasa a toda la naturaleza. Ven, monta en mi lomo y te lo mostraré -le indicó el ciervo.

María estaba impresionada por las cualidades del hermoso animal. Montó en su lomo y se sujetó con fuerza a su cornamenta.

Balaja empezó a correr, la niña volvió la cabeza y vio cómo iban dejando atrás un camino de flores. Era impresionante: de cada huella del ciervo nacía una flor bellísima que formaba una estela junto a las demás; parecía que el arco iris brotaba de la tierra.

Pero lo más sorprendente ocurrió cuando comenzó a llover: las gotas de lluvia jugaban con Balaja sin tocarlo.

Balaja y María parecían una ráfaga de viento mágico cruzando el bosque. Cuando llegaron donde estaban los árboles más añejos pararon; el noble animal quería mostrarle algo.

Balaja le fue enseñando cómo caían las hojas y los frutos de los árboles para crecer más fuertes, siguiendo el eterno juego de la vida. Después le mostró a muchos animales que mudaban el pelo, la piel o las plumas para poder ser grandes y robustos.

Balaja terminó diciendo:
-Incluso las flores han de caerse para nacer luego más bellas. Esta es

una ley que rige la vida y a la que todos tenemos que atenernos. La ley del universo es crecer, evolucionar..., esto se cumple en todos los seres, también en ti.

Tras esta gran lección, de la que María quedó maravillada, el rey del bosque se dirigió a los límites de su reino, donde la naturaleza ya estaba cultivada por manos humanas.

La niña bajó del lomo del animal y le agradeció sus enseñanzas:

—Balaja, gracias a ti, ahora sé lo que es crecer, ya no tengo miedo.

El ciervo miró a María con una profunda ternura, sumergiéndose en el lago de sus ojos. No hubo despedida, ambos quedaron amigos para siempre.

Los compañeros de María la vieron regresar a la escuela con una enorme sonrisa. Para molestarla comenzaron de nuevo a meterse con ella, pero ya nadie pudo borrar su alegría. Todos se quedaron tan extrañados de su tranquilidad que le preguntaron:

—¿Qué te pasa, ya no te molesta que nos riamos porque te falta un diente?

María respondió pensando en su amigo Balaja:

—No, porque es ley del universo, es la *evolución*.

Y todos se quedaron con la boca abierta. Hasta el viejo maestro aprendió ese día de María. Sí, la niña pequeña se estaba haciendo grande.

Sugerencias didácticas

Sería maravilloso que enseñáramos a los niños la esencia del crecimiento para que no tuvieran miedo al cambio de sus cuerpos. Crecer significa dejar atrás antiguas formas, despojarse de lo viejo para dar paso a lo nuevo que puja por salir, lo que significa un avance en nuestra vida. Este proceso que debía ser totalmente natural en nuestra existencia, los seres humanos lo hemos convertido en penoso, cuando toda la naturaleza es un canto a la transformación, a la evolución. Pienso tan sólo en cómo muchas niñas han vivido el comienzo de la menstruación, por poner un ejemplo de vivencia traumática del crecimiento. Este cuento toma como símbolo de este proceso la caída de un diente para explicar a los niños la pauta más hermosa de la vida: Crecer.

ACTIVIDADES QUE SE PUEDEN REALIZAR

PLANTAR   semillas en clase, en pequeñas macetas y observar su crecimiento; desde cómo fructifican hasta cómo se le caen las hojas o florecen. Se pueden plantar legumbres, papas, chícharos, etc.

COOPERAR   entre todos regando las plantas y abonándolas.

PROYECTAR diapositivas de animales en proceso de crecimiento.

COMENTAR   cómo se transforman los seres humanos cuando crecen. Explicar en este contexto por qué se nos caen los dientes.

COREAR   al contar el cuento la palabra mágica: Rustinuf y estimular a los niños para que averigüen en qué pudo convertirse el ciervo.

EXPLICAR   la *evolución*, relacionando el crecimiento con el paso del tiempo. Un buen recurso para ejemplificar la charla es el paso de las estaciones que favorece la caída de las hojas de los árboles y el nacimiento de los frutos.

INVITAR   a un abuelo y una abuela para que nos hablen de su evolución personal y también de cómo fue evolucionando su barrio y la sociedad a medida que crecían. Si es posible, documentar los cambios con fotografías.

TRAER   fotos a clase de cuando los mismos niños eran pequeños, enseñárselas a los compañeros y comentarlas.

ELABORAR   un mural sobre la palabra crecer.

El maestro dragón

La humanidad del maestro

Érase una vez un niño que perdió la fantasía. Sólo vivía en su cerebro, recluido en la razón sin escuchar a su cuerpo. Al perder la fantasía perdió la esperanza, al perder la esperanza perdió la confianza en el futuro, que era igual que perder la confianza en sí mismo y en las múltiples posibilidades de la vida. Cuando fue mayor quiso ser maestro. Pero la razón ya no le cabía en el cerebro, se había adueñado de todas las parcelas de su ser y lo dominaba a su antojo.

Aquel maestro se convirtió en un dragón racional que se alimentaba de la fantasía de los niños. En la escuela les impedía reír y cantar; no podían pintar ni saltar. Todo le ponía furioso. Los cuerpos de los niños estaban atados a sus bancas por la más firme de las cuerdas: el miedo. Un buen día los niños se reunieron a la salida del colegio porque ya no podían soportar más la forma de enseñar de su maestro. Así que decidieron solucionar el asunto cuanto antes. A la mañana siguiente llegaron a clase y se sentaron en sus pupitres. El maestro preguntó por las tareas y uno se levantó y dijo:

–Maestro, antes de corregir los ejercicios quiero contarle algo.

El niño comenzó a contarle un cuento de un dragón muy triste y desolado que estaba atrapado por la máquina del tiempo. Cuando acabó, el profesor lo miró con el rostro desencajado. Pero lo cierto es que su hocico de dragón había desaparecido.

Un poco nervioso, el maestro señaló a la segunda fila. El niño indicado se levantó y le dijo educadamente:

–Antes de dar la lección he de contarle algo.

Entonces el segundo niño comenzó a contarle un cuento sobre un chaval que se olvidó de jugar para siempre de tanto hacer tareas. Para asombro de todos, al maestro dragón le desapareció la cola apenas acabó el cuento. Y en sus labios comenzó a insinuársele una sonrisa reprimida. De pronto señaló con el dedo al último de la fila. Era una niña. Le preguntó:

–¿Has hecho la tarea?

Y ella le respondió:

–Sí, maestro, pero antes de entregársela tengo que contarle algo.

-Adelante -respondió con ansiedad- pronto va a dar la segunda hora y todavía no hemos hecho nada.

La niña comenzó de este manera su historia:

«Érase una vez un príncipe al que una bruja malvada llamada Sociedad lo convirtió en estatua. La vida pasaba por su lado todos los días y era incapaz de alcanzarla. Su corazón era tan inflexible y sus miembros tan rígidos que superaban la dureza del granito. Ese año nacieron muchas setas en el bosque porque había llovido en abundancia. Como todos saben, cada seta nace con un duende cuidador. Pues bien, el bosque se pobló de pequeños duendes. Al ver a una piedra con forma humana, decidieron jugar con ella. Se subieron por sus piernas y brazos hasta llegar a la cabeza para colgarse del cuello. Cuando estaban en el momento más divertido, un sonido traspasó la piedra. Era un hilillo de voz que provenía del corazón, casi no se escuchaba: ¡Ayúdenme!...

Menos mal que los duendes no se extrañan de que las piedras hablen. Así que se reunieron para trazar un plan de salvamento. Los duendes tenían una sabiduría extraordinaria y muy pronto encontraron una solución. Todos rodearon con sus manos a la estatua. Primero, le prestaron mucha atención, fijando en ella sus ojos. Pero la figura no dijo ni mú. Después le sonrieron con una sonrisa de oreja a oreja. Y tampoco respondió. Entonces los duendes corearon: No tiene importancia, te queremos de todos formas y te cuidaremos siempre...»

Antes de que el cuento finalizara, los niños vieron en el rostro del maestro una lágrima. La piel verduzca y resbaladiza que cubría su cuerpo se tornó de un color rosado digno de un beso. En ese momento un estruendo les sobrecogió. El grito de dolor que el maestro tenía encarcelado en el alma salió de golpe. Pero eso no fue todo, a continuación una música misteriosa inundó el aula. La clase se llenó de fantasía y cada niño recuperó la

que le faltaba. El maestro al abrir la puerta de su corazón para dejar escapar su dolor, se olvidó de cerrarla. Y detrás se escaparon la fantasía, la
alegría, la belleza, la esperanza... El maestro terminó contándoles un cuento
a los niños. Y todo resonó por las tremendas carcajadas. El reloj tuvo que
esconderse dentro de la pared. Los libros de texto temblaron en los pupitres. Mientras que la palabra viva iba estallando como un cohete de múltiples colores. Ese día se olvidaron del recreo ¡Quién diría que estaban dando clase de matemáticas! Desde luego, amigos, la magia de los cuentos puede
hacer milagros.

Sugerencias didácticas

A veces no queremos darnos cuenta de que detrás de un maestro hay un ser humano con muchas limitaciones y mucha necesidad de cariño. Como maestra sé que la poderosa arma de la razón que tanto hemos ejercitado en la escuela, nos ha robado gran parte de nuestra alegría y espontaneidad, mientras que nos ha sobrecargado de seriedad y de rigidez. Tanto es así que, en clase, lo prioritario suele ser controlar a los niños, con el consabido gasto de energía que eso conlleva. Un día le pregunté al profesor Kepa Osoro, que tenía que enseñar a leer a más de sesenta pequeñuelos a la vez, que cuál era su secreto. Su respuesta fue luminosa: «Yo no intento controlar a los niños, sólo los acompaño en el proceso de aprender». Sería una delicia si además de acompañarlos lográramos disfrutar con ellos. Para conseguirlo podemos empezar contándoles un cuento.

ACTIVIDADES QUE SE PUEDEN REALIZAR

COMPARTIR El maestro contará a los niños cómo fue su infancia. Les hablará de la escuela en que estuvo, de sus maestros, de sus amigos y de todo lo que aprendió.

COMPLETAR las historias que hay dentro del cuento.

ENSEÑAR a los niños a escribir cuentos con la estructura:
personaje + lugar + conflicto + solución.

ESCRIBIR cada niño, al maestro, un cuento que necesite escuchar.

CONTAR al maestro los cuentos que se han creado.

INVENTAR un juego para jugar con el maestro.

INVESTIGAR qué es un dragón. Para ello se puede ver la película "Dragon heart"

FABRICAR una máquina del tiempo con cartulina y un dragón de plastilina

PROBAR a dejar abierta la boca para que escape la alegría, la fantasía y la esperanza.

EMBOBAR   a los niños contándoles el cuento más bonito que pueda existir.

RECORDAR   cada uno qué es lo más importante de la vida

La inventora de palabras

La aceptación como principal apoyo

Juana pintaba, pintaba y pintaba. Iba pintando todo lo que veía desde su mundo de niña callada y extraña para los demás.

Ella, la soñadora de colores, con sólo cinco años renunció a la palabra para expresarse con el pincel.

«Juana, habla –le decía la maestra–», y la niña agachaba la cabeza, escondiendo la barbilla. Entonces le daba un papel, Juana tomaba un lápiz y empezaba a llenarlo de figuritas pequeñas, grandes, estiradas, redondas... Así la maestra sabía lo que tenía por dentro, ésta era la única manera que tenía para averiguar lo que la chiquilla sentía, quería o imaginaba.

Todos los niños respetaban a Juana, la que jugaba sola. Hasta que un día los mayores no encontraron nada con qué jugar... El recreo era sagrado para la pintora que exploraba la tierra con sus grandes ojos, buscando hormigas, bichitos de luz y piedras de mágicos colores. La niña no esperaba aquel tirón de pelo, pero menos aún sus compañeros esperaban aquella respuesta. Juana comenzó a chillar y a patalear hasta conseguir que todos se arremolinaran a su alrededor. Después habló y habló hasta por los codos para que nadie volviera a meterse con ella.

Lo cierto es que Juana se dio cuenta de que decir palabras tenía resultado e intentó pintarlas. Con una facilidad impresionante fue pintándolas en colores y dándoles forma. Lo malo era que nadie entendía lo que escribía. Ella se había inventado solita un nuevo lenguaje. Juana se había hecho inventora de palabras.

Ahora sí que le gustaba hablar y, sobre todo, cuando quería regalar sus palabras. Porque Juana le regaló a cada niño y a cada niña un nuevo nombre; hasta ella cambió el suyo. Y era tan divertido llamarse otra cosa, que la maestra le pidió por favor que le dijera su secreto para que los niños le hicieran caso.

A Juana, esto de ser inventora de palabras la hizo archifamosa en su clase: todos los niños querían ponerse con ella en la mesa. Además seguían a la pintora en el recreo para que les regalara un nuevo nombre para su perro, para su gato, para su hermano... Así fue como Juana llegó a la conclusión de que era tan importante y tan divertido hablar como pintar, sobre todo, si las palabras y los dibujos se los inventaba una misma.

Sugerencias didácticas

Una de las mejores medicinas para la timidez es potenciar la creatividad para facilitar la expresión en los niños. Si fomentamos la creatividad les estamos dando automáticamente posibilidades para ser, pero ante todo hay que aceptar y amar a los niños tal como son. Ellos deben decidir cuándo quieren salir al mundo, relacionarse y opinar, para lo cual deben sentirse seguros, percibiendo nuestro apoyo a través del profundo respeto que mostramos hacia sus ritmos internos de crecimiento. El agua primordial para regar la planta del ser humano es aceptarle y dejarle espacio para crecer. Entonces su transformación armoniosa se convertirá en un susurro que llegará a nuestros oídos tarde o temprano.

Vamos a aprovechar este cuento para decir a los niños el amor que sentimos por ellos, que los queremos tal como son: callados o bravucones, despistados o perezosos. A todos les expresaremos nuestro amor incondicional. El día que les contemos este cuento hemos de tener claro que en clase se hará lo que ellos deseen. Podemos utilizar la técnica de lluvia de ideas para ver las actividades que quieren llevar a cabo. A continuación se sugieren algunas por si faltara inspiración.

ACTIVIDADES QUE SE PUEDEN REALIZAR

PINTAR   palabras con colores, de muchas formas.

ELEGIR   la que más les guste tanto por su colorido como por su contenido y colgarlas en el pizarrón de clases.

CREAR   una poesía con las palabras que más les gusten.

EXPLORAR   el patio del recreo por si hay algo interesante que llevar a clase para mostrarlo y comentarlo.

INVENTAR   palabras nuevas para llamar a sus amigos y mascotas.

ESCRIBIR   el significado que desean darle a las palabras que se inventen.

COMPARTIR   experiencias y deseos a raíz de plantear la pregunta:
               ¿A quién le gustaría ser archifamoso?

RECORDAR   lo importante es *ser* lo que uno es.

GRITAR   a los compañeros: *Te quiero tal como eres,*
               a nosotros: *Me quiero tal como soy.*

Corazón de pájaro

La bondad de las lágrimas

Érase una vez un pajarillo que volaba por el bosque, con la esperanza de hallar un buen árbol donde posarse y hacer su nido. Un día se encontró con un niño que estaba buscando setas. El niño estaba muy enfadado porque sus padres le habían mandado realizar una labor que no le gustaba en absoluto. El pajarillo no sabía lo que era un niño; nunca se había encontrado con ninguno. Así que lo confundió con un árbol.

El pájaro se posó en el hombro del niño y se dispuso a buscar un lugar para hacer su nido. Del hombro bajó al estómago pero no le gustó el sitio. Estaba muy revuelto. Después se fue a la cabeza, y tampoco le resultó cómoda. Era un lugar muy seco y en continuo movimiento. Luego se fue a la garganta. Aquella sí que no le gustó nada, ahí se sentía prisionero. Era un lugar muy pequeño, con bastantes barrotes, llamados palabras.

¿Crees que el pájaro se rindió en su búsqueda? No, él era un buscador incansable y tenía que hacer el nido para sus pequeñuelos. De ninguna manera podía abandonar su propósito. Buscando, llegó a un lugar extraño y extraordinario. Llegó al corazón. «¡Qué sitio más amplio y confortable!, –dijo para sí–». Pero cuando fue a acomodarse en él, un escalofrío tremendo le invadió. ¡Dios santo, el corazón de aquel niño estaba congelado!

Efectivamente, la tristeza y los continuos enfados del pequeño hicieron de su corazón un bloque de hielo. El pobre niño no sabía llorar y todas sus lágrimas se habían quedado heladas. El pajarillo no se amilanó ante aquellas condiciones. Muy al contrario, se dijo: «Yo lo calentaré». Así pues, se acomodó en el corazón y con las alitas de su pequeño cuerpo comenzó a calentarlo.

El niño, al sentir el calor que le brotaba de sus adentros, se estremeció y empezó a llorar de sentimiento. Gracias al pajarito, aprendió a llorar. Lloró y lloró noches y días, hasta que se descongeló su corazón. De pronto, le volvió la alegría, porque sus lágrimas aliviaron sus enfados.

¡Cuánto bien se hicieron ambos! El pajarillo encontró el nido que buscaba, y el niño aprendió que llorar le hacía mucho bien. De este modo, hizo tanto calorcito en el corazón del niño que nacieron muchos pájaros de su pecho, de él salían para irse lejos y después volvían a su corazón, el mejor nido que encontraron.

Sugerencias didácticas

El llanto es un río por donde se van todas las penas y los desvelos. Es un recipiente en el que podemos lavar y aclarar nuestras tristezas. Es la válvula de escape que nos permite aliviar tensiones y reconocer nuestra vulnerabilidad. Si es tan benéfica su acción, entonces, ¿por qué no nos permitimos llorar?

El bloqueo de estos sentimientos se lo transmitimos a los niños casi desde que nacen. Muy temprano, las lágrimas y la culpa por el llanto se deslizan unidas por las mejillas de la infancia, máxime cuando se trata de varones. Es imprescindible que reconozcamos la bondad de las lágrimas para crecer en humanidad. Este cuento cumple esa función, apoyando rotundamente la expresión de las emociones. Su protagonista es un niño con objeto de romper estereotipos y promover la coeducación.

Estoy segura de que si los hombres y las mujeres lloraran más asiduamente, se enjugarían muchas desdichas en el mundo y sería mucho más fácil empezar de nuevo.

ACTIVIDADES QUE SE PUEDEN REALIZAR

CONTAR   el cuento eligiendo a un niño y subiéndolo en lo alto de una silla. Nuestra mano hace de pajarillo que se va posando en las distintas partes del cuerpo que señala la historia. Los demás niños participan ayudando a descubrir dónde podría hacer su nido el pajarillo.

DIALOGAR   sobre estas cuestiones: ¿es bueno llorar?, ¿qué se siente cuando se llora?, ¿cuándo sueles llorar?, ¿has visto llorar a los mayores?, ¿llorar es de niñas?

COMENTAR   cómo enfocan los niños y las niñas la expresión de los sentimientos.

INVESTIGAR   cómo es una lágrima. Se puede mirar por el microscopio.

DIBUJAR   la tristeza y el llanto personificándolos.

Amado cuerpo

El jardín de nuestro cuerpo

Érase una vez una mujer que todos los días pasaba por un bellísimo jardín sin darse cuenta de su hermosura, porque siempre estaba sumida en sus pensamientos. Vivía en su mente, prisionera de su negatividad. La primera víctima de sus creencias era su propio cuerpo al que escondía entre ropas negras. Ni la radiante primavera que aquel año se recreó en el jardín con miramiento, pudo arrancarle una mirada de placer. Nada existía fuera de ella, sólo habitaba en su oscuro mundo interior. Se diría que la mujer había sido tragada por el agujero de la vergüenza de ser.

El día de mayor esplendor primaveral, cuando las jacarandas tapizaban de lilas el suelo del parque y el sol bañaba con sus rayos más cálidos a los jazmines para que desprendieran su olor, ella pasó de largo sumergida en su penumbra. De pronto, al caminar, sintió cómo todos sus miembros se petrificaban, la rigidez más absoluta se adueñó de su paso y le fue imposible andar. Entonces su carne se tornó mármol, para convertirse en una blanca estatua del jardín mimado por la primavera.

Por primera vez, la mujer se dio cuenta de que existían los demás. Sus ojos se quedaron tan abiertos que por ellos entraron la luz, las flores, los niños, las madres, los pájaros, los ancianos ... Su mente ya no podía juzgar, ahora estaba totalmente despejada para contemplar la belleza, la pobreza y la desgracia verdadera en otros cuerpos. Su camino diario lo hacían miles de seres a los que con el tiempo comenzó a reconocer. Y también con el tiempo pudo leer en sus rostros, en sus almas, el libro de la vida.

Cuando la primavera estaba madura, la hiedra empezó a trepar por la dulce blancura de su piel marmórea y las rojas bugambillas se mecieron a sus pies, penetrada por aromas que jamás soñó, mareada por tanta belleza, una pregunta se le clavó en el corazón: "¿*Qué he hecho de mi vida*?" De la piedra surgió un suspiro de palabras: "¡Amado cuerpo!". La estatua comenzó a llorar por dentro; de tanta añoranza nació un hilo de agua que manaba del cántaro de su cintura. Y descubrió que era una fuente. Esa noche rebosó y rebosó de lágrimas, conteniendo el reflejo de las estrellas, las únicas espectadoras de su tristeza.

Pasaron las estaciones, junto con las personas que iban creciendo y menguando. Poco a poco, en la mujer anquilosada, la autocompasión fue dejando paso a sentimientos de misericordia, de comprensión y de piedad por aquellos que veía sufrir. «Si tuviera mi cuerpo ayudaría a esas personas a sentir el placer de vivir», –dijo un día para sí la piedra humana–. En ese instante infinito, fue tan tierna y profunda su compasión que la roca sintió de verdad, dejando así de ser estatua para ser cuerpo.

La mujer al sentir vivo su cuerpo, no cabía de gozo. Se frotó las manos, el rostro, se tocó las piernas y se abrazó dando vueltas. Miraba al cielo saltando de alegría, su gratitud rezumaba promesas de amor y reconocimiento: ¡Existía! Bailó y cantó, su cuerpo se derramó de emociones. Era una privilegiada y lo sabía.

Desde aquel día el jardincillo ya no tiene estatua,
pero alguien que pasa lo riega sin falta,
derrochando amores, sonrisas, sentires, miradas,
en la fronda espesa que forjó su alma.

Sugerencias didácticas

En la escuela se enseñan cosas relacionadas con el cuerpo humano. Se analizan los órganos, aprendemos de qué está compuesto; y hacemos gimnasia para mantenerlo en forma. Pero, ¿quién nos habla del don que tenemos de gozar de un cuerpo para sentir la vida?, ¿quién nos comunica que tenemos que honrar nuestro cuerpo y escuchar sus necesidades?

El concepto de cuerpo como máquina, todavía está afianzado en la sociedad, y, por tanto, en las escuelas. Las instituciones educativas potencian la mente hasta tal punto que convierten al cuerpo en un mero apéndice del ser. Mientras que las familias se encargan de legar la vergüenza del cuerpo a sus hijos.

Hay que salir de la prisión de la mente, y darnos cuenta de que somos un todo. Nuestro cuerpo es nuestro jardín, donde se recrea y se expresa la vida. Por ello es esencial que seamos conscientes de su valor, que lo escuchemos y lo cuidemos, pues no estamos separados de él, sino que él somos nosotros.

ACTIVIDADES QUE SE PUEDEN REALIZAR

SENTIR   el cuerpo a través de experimentar sensaciones captadas por los cinco sentidos. Por poner algunos ejemplos: el olor de la canela, el roce de una pluma, la visión de un atardecer o degustar una naranja.

COMENTAR   cómo nos habla el cuerpo a través de sensaciones, intuiciones, emociones o mediante el dolor. Hacer una prueba respondiendo a la pregunta: ¿cómo nos sentimos en este momento?

BUSCAR   dónde se esconden las emociones. Observar en qué parte del cuerpo sentimos la rabia cuando estamos enfadados, o dónde se oculta nuestra tristeza.

ESCUCHAR   las necesidades del cuerpo y responder a ellas, posponiendo lo que nos puede pedir el pensamiento. ¿Cómo nos sentimos después?

INVESTIGAR   recopilando fotos de revistas, el mensaje que nos da la publi-
                  cidad sobre cómo deben ser nuestros cuerpos. ¿Quiénes están
                  excluidos de las imágenes publicitarias?, ¿por qué?

COMPARTIR   los complejos o traumas que hemos sufrido por rechazar una
                  parte de nuestro cuerpo. Los compañeros ayudarán a quien
                  hable, a reconocer los aspectos positivos de su cuerpo y su
                  persona.

HACER   una lista de los privilegios de que disfrutamos por tener
                  nuestro cuerpo.

RECONOCER   cinco cosas bellas de nosotros y crear un cuento o una poesía
                  con ellas.

El amigo invisible

El reconocimiento

Santi caminaba solo hacia ninguna parte. Sus padres le habían prohibido tener amigos, y no le quedaba más remedio que buscar el camino del sol.

–Seguiré al sol –se decía–, iré a donde me lleve.

Alto como una torre, con dos ojos que sabían mirar al mundo; tan delgado, tan callado, tan mudo como un susurro que no deja huella. Santi Soledad, le decían en la escuela, y en la calle, Nadie, porque ni siquiera lo veían. Santiago, que tenía un nido de pájaros en el corazón, que le hubiera gustado volar como las gaviotas y atisbar como las águilas, parecía condenado para siempre a no realizar sus sueños.

«Si pudiera volar, me iría lejos, muy lejos» musitaba, mirando el charco de cristal que se había formado en el patio de recreo, mientras los demás jugaban al balón. Quizás, todos pensaban que no se daba cuenta de nada, como ellos no se daban cuenta de él. Pero, si alguien estaba pendiente de sus compañeros, ese era Santi. Sabía de sus sentimientos, de sus necesidades, sabía mirar muy adentro, y lo más increíble, tenía el don de ponerse en el lugar de los otros, de sentir lo que ellos sentían. Si Ana se caía al suelo, a él le dolía. Si Gustavo era abucheado y martirizado por las palabras despiadadas de los bravucones, él se sentía humillado. Santiago era un camaleón sentimental, sus ojos parecían bailar cuando miraban de reojo, y nadie podía esconderse mejor dentro de la piel.

Cuando Rosa, la más tímida de la clase encontró la primera flor anónima en su pupitre, su rostro se iluminó e hizo lo nunca esperado: le contó a todos lo que le había sucedido y fue buscando uno por uno a su bienhechor. Sin embargo, no le dieron importancia al hecho hasta que Matías, el gafitas, encontró en su mesa a primera hora de la mañana, el juego de canicas más bonito que un niño pueda imaginar. Nadie le borró la sonrisa en una semana por mucho que lo insultaran. Pero lo de Marta fue más sorprendente todavía: su padre se había ido muy lejos a trabajar y no sabía cuándo volvería. Pues bien, al día siguiente se encontró en la banca un osito rojo el que apretándole en la barriga decía: «Te quiero mucho».

Era asombroso lo que estaba pasando en el aula. ¿Quién podría ser?, ¿qué aspecto tendría?, ¿por qué lo hacía?, se preguntaban todos. Los más listillos trazaron un plan para descubrirlo, incluso llegaron a quedarse por las noches en la puerta de la escuela desafiando al propio sueño con tal de verle la cara, aunque resultó imposible. Sin duda, tenía que ser muy hábil si podía burlar la vigilancia, quizás se tratara de un gran mago o de un extraterrestre. Lo cierto es que ir a clases se convirtió en un tremendo gustazo, aquello era mucho más emocionante que ver la tele. ¿A quién le tocaría hoy recibir un regalo?, pensaban más despiertos que nunca, de camino al colegio.

El sol alumbraba a Santiago todas las tardes. Sus rayos se convertían en largos dedos para señalarle dónde se esconden los pequeños tesoros que al día siguiente sorprenderían la tristeza, la angustia o el dolor de alguno de sus compañeros. Él caminaba atento a los guiños del sol, que le indicaban el lugar en el cual buscar, y siempre se encontraba con algo maravilloso.

-Amigo, hoy necesito una cosa especial para Damián, se pone muy nervioso cuando le pregunta el profesor, y mañana le toca -le dijo al astro.

Efectivamente, Santi halló el mejor regalo, un hermoso caracol que le recordaría a Damián lo lento que habría de contestar para no confundirse. Durante el recreo, el mismo sol, con sus rayos invisibles, colocaba aquellos pequeños tesoros en los pupitres de los niños.

Pero un día ocurrió algo extraordinario: el sol no brilló. Las nubes lo habían ocultado, cuando más precisa era su ayuda para Santi. Porque esa mañana, Gema necesitaba un regalo urgentemente, sus padres se habían separado y no paraba de llorar.

-¿Qué podía hacer él, si sólo sabía mirar de reojo? -se decía angustiado.

Santi no lo pensó más, las lágrimas de ella se atoraron en su garganta empujándolo a hacer lo que nunca se hubiera atrevido. Sin que nadie le viera, se deslizó como una sombra por la puerta grande. Llevaba junto al corazón un arco iris de colores. Una caja de lápices especiales para la mejor pintora de la clase.

Santi entró corriendo por la puerta del aula; por nada del mundo quería ser descubierto. Respiró ansiosamente mientras buscaba con los ojos la mesa y las pertenencias de su compañera; parecía que en ese momento se le hubiera borrado la memoria. Ni siquiera se dio cuenta de que los cristales se habían llenado de agua. Nada más comenzó a llover, todos fueron a refugiarse de la tormenta. Estaba colocando cautelosamente los colores en la carpeta de Gema, cuando cientos de ojos lo sorprendieron atónitos.

–¡Es él!, ¡es Santi Soledad! –gritaron los pocos que no se habían quedado con la boca abierta.

Sí, amigos, sucedió sin más que Santi, el solitario, dejó de serlo para ser el chico más admirado por todos. Como algún maestro dijo, se podía navegar en su corazón. Pero, lo que nadie supo es quién le ayudó a realizar sus sueños: el mismísimo sol que una tarde violeta, le regaló unas alas y lo enseñó a volar por dentro como un globo de colores.

Sugerencias didácticas

Si recapacitáramos un momento nos daríamos cuenta de que las personas más sencillas, más humildes, son las que hacen a este mundo más habitable. En este cuento podemos ver cómo uno de estos seres que pasan desapercibidos, está lleno de tesoros por dentro. Esta historia sirve para darnos cuenta de que todos tenemos algo que aportar. Cada persona posee valores que esperan ser descubiertos y compartidos. Sólo tenemos que ser capaces de ampliar nuestras miras para percibir lo bueno de los demás. Si acaso esos dones estuvieran tan escondidos que ni la propia persona se diera cuenta de que los posee, podríamos hacer de hada madrina descubriéndole sus valores. No hay cosa más maravillosa que ver florecer a un ser humano, máxime cuando lo hemos regado un poquito con el agua del estímulo y el reconocimiento.

ACTIVIDADES QUE SE PUEDEN REALIZAR

AYUDAR   Practicar el juego el *amigo invisible*. Se meten los nombres de todos en una bolsa. Después cada uno va sacando el nombre de quien será su amigo invisible. Su tarea consistirá en apoyar, sorprender y estimular positivamente a quien le haya correspondido, sin que éste sepa quién es. Más adelante, cuando haya pasado un tiempo se pueden conocer los afortunados.

ESCRIBIR   Hay amigos particulares, pero hay amigos de todos, como el sol, por ejemplo. Hacer una redacción sobre: ¿Por qué el sol es amigo de todos?

PREFERIR   Todos tenemos derecho a preferir ser amigos de unas personas y no de otras. Esto no significa que rechacemos a quienes no hayamos elegido o no los queramos. Sería interesante hacer un coloquio sobre este tema que podría llevar por título: ¿Por qué elegimos a nuestras amistades?

PROMOVER   el amor a la soledad como fuente de autoconocimiento y de creatividad. Traer a una persona invitada que ame la soledad para hablar del tema. Si es posible, abordar todas las caras de la soledad, entre ellas las de los niños solitarios. Plantear estrategias para superar la soledad no deseada.

JUGAR   a *ser cisnes*. Se elige a un niño de la clase, para que los demás reconozcan uno a uno y en voz alta lo que les gusta de él. Después se hace otra ronda en que los compañeros le dicen qué tiene que mejorar de su personalidad. Este es un juego de reconocimiento en el que se pretende reforzar los valores de cada niño. Por eso en la segunda ronda no hablaremos de «defectos» sino de cosas a mejorar, es decir, de lo que tienen que transformar, para motivarlos al cambio.

PROYECTAR la película «La princesita» porque promueve la ayuda mutua.

Crear, para aprender a crear nuestra propia vida

Érase una vez una princesa pequeña, pequeña. Tenía el pelo castaño, su cabello era largo, muy largo. Y sus ojos eran como el verde de los campos en primavera, pero por la mañana temprano, casi verde limón. Su nombre también era muy hermoso: Andrea, lo había heredado de su abuela igual que su reino.

A aquella princesa le encantaba pintar. Pintaba con todo su cuerpo, con los dedos, con las palmas de las manos, con los pies, con la punta de la nariz... Se embadurnaba de colores y después se iba a rodar por las paredes, por las sábanas... Todo lo que tocaba se hacía color: amarillo, verde, lila, naranja, rojo, turquesa...

Su palacio parecía una enorme paleta de pintor. Tenía siete bañeras cada una de un color, y se iba metiendo en ellas según le apetecía.

—Hoy me bañaré en rosa. ¡Uh, uh... qué maravilloso color! –exclamaba al meter el pie en el agua.

La princesita Andrea no tenía que esperar a que fuera un día de fiesta, ni a que llegara el verano, ni siquiera que la visitaran los Reyes Magos; sencillamente los pintaba y de esta forma realizaba sus sueños. Así que dibujaba toboganes, osos preciosos, caballitos de mar rojos, niñas mariposas, indios, y nunca estaba sola.

PRIMER FINAL: Pintora y superfeliz

La princesa pintora era superfeliz. Su alegría era infinita porque siempre andaba descubriendo colores nuevos y cosas que pintar; su alma estaba llena de poesía, que ella iba plasmando. Además siempre, siempre disfrutaba ya que todo lo pintaba con mucho gusto y cantando.

SEGUNDO FINAL: La princesa y el pájaro de las cumbres

La princesa no era del todo feliz, pues le faltaba un color. Se dio cuenta de ello un día en su jardín, al ver un pájaro muy raro, de un color extrañísimo. Andrea se quedó tan maravillada de su resplandor que le preguntó:

–¿De qué color eres pajarito que me deslumbras?

–Soy de oro princesa, mi nombre es Yazid, soy el pájaro sagrado de las cumbres, y como vivo tan alto el sol me viste de dorado con sus rayos, por eso siempre le canto a él y sólo a él.

La princesita le pidió que no se fuera pues quería dibujarlo. Sin embargo Yazid desapareció antes de que volviera con lápiz y papel.

Pero la silueta del ave y su vestido de plumas se le quedó a Andrea grabado en los ojos, así que no necesitó que posara y en un santiamén lo dibujó. No conforme con esto, pintó el pájaro dorado con todos los colores, un día y otro día. No se cansaba de mezclar todos los pigmentos de que disponía para sacar el oro anhelado, sin conseguirlo, pues el pájaro vivo era más bello. Andrea, por fin, se convenció de que no podía plasmarlo en un lienzo por mucho que se empeñara, y como le era imposible olvidar su hermoso color, día y noche soñaba con volverlo a ver.

A una princesa de tan portentosa imaginación le fue muy fácil idear una forma de llamarlo. Dispuso las hermosas pinturas que había hecho de Yazid alrededor de su jardín y, mirando la cumbre, comenzó a cantar una bella canción:

Pajarito, pajarito,
no hay nadie como tú,
vuelve pronto a mi jardín,
sin tu resplandor de oro,
me es imposible vivir.

Era tan profundo y tan verdadero el sentimiento de la princesa, que el pájaro dorado de las cumbres no se hizo esperar. Yazid, cuya debilidad era la música, quedó tan encantado de la melodía de Andrea que no se cansaba de escucharla. La princesa le hizo un enorme lazo de colores para agradecerle su atención. Y desde ese día, junto al sol, aparece el arco iris; que no es otra cose que el vuelo del pájaro de las cumbres con su lazo de colores al viento.

Sugerencias didácticas

Es necesario que aprendamos a valorar lo importante que es estimular a los niños para que desarrollen su creatividad a través de cualquier manifestación artística. Ha llegado la hora de que en las escuelas y en los hogares se valoren tanto las artes como las demás asignaturas. Los talentos artesanales y artísticos de los que saben trabajar con las manos, deben ser apoyados y reconocidos como un bien inapreciable para la comunidad. Pero, no sólo tienen que experimentar el placer de crear los que estén destinados a hacer del arte su oficio. El arte hay que democratizarlo, porque todos llevamos un creador o creadora en nuestro interior. Esto hay que comunicárselo a los niños, favoreciendo por todos los medios su contacto con la pintura, la música, la escritura, la artesanía...., "poniéndoles manos a la obra" desde pequeños.

Tenemos que familiarizarnos con la creencia de que el arte es un vehículo para expresar nuestro mundo y un medio para aprender a crear nuestra propia vida. Sencillamente porque desarrolla la autoconfianza, la capacidad de disfrutar de la vida, el autoconocimiento y numerosas habilidades que favorecen el crecimiento de nuestro ser. El arte es la mejor alternativa a la violencia, a la represión, a la desdicha; es una respuesta terapéutica a las pautas negativas que se ha fomentado en el ser humano desde la cuna. Este cuento es un canto a la belleza del color y a la magia de la música. Tiene dos finales para que los niños elijan el que más les guste y el maestro tenga la posibilidad de comprobar cómo es la mentalidad de sus alumnos.

ACTIVIDADES QUE SE PUEDEN REALIZAR

JUGAR   con el color, llevando ropa apropiada para embadurnarse de colores y hacerse ellos mismos color.

INVITAR   a un pintor o pintora que venga con sus utensilios y algunos de sus cuadros, para mostrar los colores que utiliza y cómo se pinta.

ILUSTRAR   el cuento e intentar sacar el color del pájaro Yazid.

PROYECTAR   diapositivas de pájaros diversos, comentando sus cualidades.

Después de quitarlas, animar a que cada niño dibuje el que más le guste.

INVENTAR   una melodía para la canción, entonarla y cantarla.

DIALOGAR   sobre qué estratagema hubieran empleado para atraer al pájaro y sobre qué tipo de música les gusta.

BAILAR   con tipos distintos de música distintos y expresar con el cuerpo los sentimientos que éstos les inspiran.

PINTAR   entre todos un arco iris para la clase o la casa.

ESCUCHAR   atentamente el canto de un pájaro. ¿Qué dice?

Sin miedo al futuro

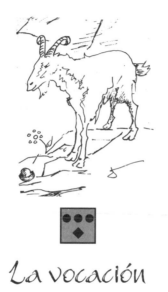

La vocación

¡Davidó, Davidó, te voy a partir la cara! La oscuridad se estremece con el grito, la confusión del muchacho aumenta con la amenaza. El joven sale corriendo desesperado, Davidó huye de su hogar, de su padre, del mundo; se siente impotente, sin futuro, sin salida. Una enorme furia le nace por dentro como un puño y lo tira todo a su paso, la confusión penetra en la oscuridad y se vuelve densa. En los oídos de Davidó resuenan todos los insultos y huye como si escapara de la muerte.

Corre hacia la sierra, suda, la angustia le golpea las entrañas. No puede parar, lo persigue su sombra. La luna le abre el camino, no le importa el peligro, sólo quiere huir de todo. De pronto, cae extenuado bajo un árbol. Apoyado en el tronco esconde su cabeza entre las piernas mientras lo inundan negros pensamientos. Pasan los minutos como si fueran siglos y siente en su espalda el peso de la vida. Davidó es un animal acorralado, desea ser como los demás, pero los demás lo marginan. Su única amiga es la calle porque le permite el paso, su único refugio es la montaña que lo escucha sin reproches.

Davidó no sabe que esa noche, como tantas noches, alguien lo observa. Pero esta madrugada su desesperación es tan grande que la criatura decide hablarle por primera vez.

—Davidó, vengo a romper tu silencio.

Una voz inaudita saca al joven del fondo de la tristeza. Davidó queda totalmente impactado por la figura esbelta de un magnífico animal que se sitúa delante de él. Su aspecto es majestuoso, un halo de luz emana de su pelambre coronado por una inmensa cornamenta. Misegrú, el espíritu de la cabra montesa, lo saluda y a través de sus ojos Davidó adivina el infinito.

—No te asustes, soy tu amigo —musita el animal—. Llevo tiempo observándote, casi todas las noches ahogas tu furia bajo este árbol. No debes gastar tus energías en compadecerte.

—¿Quién eres?, pregunta Davidó.

—Soy Misegrú, el espíritu de la cobra montesa que protege a estos parajes desde tiempos inmemoriales. También guardo a los hombres y a las mujeres que lo habitan. Antaño cuando subían a estos montes por esparto, a más de uno libré de la muerte... Los animales me escuchan y me respetan. Vigilo en la noche el descanso, de día el crecimiento.

Davidó asombrado no podía articular palabra. Cuando pudo salir de su estupor, le contó a Misegrú sus pesares, los malos tratos que recibía de su familia y su miedo al futuro.

–Ven, sígueme, te mostraré algo, le dijo el animal que con una agilidad impresionante se encaramó a una roca de la pendiente.

A Davidó le costó seguirlo, echó de menos tener cuatro patas. Al fin, logró ver lo que Misegrú le mostraba. Con el hocico le indicó una minúscula planta que crecía entre el roquedal.

–Esta flor representa el espíritu del pionero. Abre caminos y se adentra en los territorios más escarpados. No es nada fácil crecer entre piedras. Pero la semilla donde se esconde su ser, sabe que tiene que cumplir con su misión –aseveró Misegrú–. Ella ha aprendido de todas las fuerzas que le hunden en la tierra, a secar la fortaleza que tiene dentro. A ti te sucede igual, todo lo tienes en contra. Pero recuerda, si la naturaleza te pone obstáculos, es porque también te ha otorgado la fuerza para superarlos. Pone en un trance difícil al pionero para que nada puede destruir la fe en sí mismo. Ten en cuenta que ha de construir un nuevo futuro. Davidó no pudo aguantar más y le espetó:

–¿Cómo un nuevo futuro? ¿Acaso tú sabes lo mal que están las cosas para nosotros los jóvenes? Lo tenemos negro, no hay trabajo, no nos dejan hacer lo que nos gusta. Vivimos preocupados por las notas, los estudios, las carreras…, y después, ¿qué? Nos han cerrado todos las puertas. Me gustaría acabar con todo lo viejo: las instituciones, la política, la hipocresía… Las odio.

–¿Quién ha dicho que sea fácil construir el futuro? –respondió Misegrú dando un salto hasta llegar a un árbol podrido que caía por su propio peso–. Lo viejo, las estructuras que ya no sirven, mueren por sí solas. Es ley de vida. No gastes tus energías contra ellas. Encáuzalas para crear futuro. Todo está por hacer, todo ha de transformarse. Hay que abrir caminos. La madre tierra peligra si no se transforman los corazones de los hombres y las mujeres, sus oficios, sus relaciones, sus actitudes.

Entonces Misegrú señaló una planta que crecía bajo el viejo árbol y se dirigió de este modo al muchacho:

–Mira Davidó, este es el futuro. Este tallo representa el espíritu del humanista* cuyas ansias de saber y de vivir le han llevado a aprender muchas cosas. Las mismas que podrá utilizar para adaptarse a las circunstancias y mejorarlas. Su esencia es probar, experimentar, inventar y crear la realidad. Impregna todo su conocimiento de humanidad, por eso para él las puertas del saber están abiertas.

Sabe alimentarse y curarse, sabe cultivar la tierra y cómo reparar una máquina, hace poesía igual que maneja una computadora. No distingue entre ciencias y letras, sólo sabe que tiene mucho que aprender para sacarle el mayor jugo a la vida. Y aprovechará, como esta planta, todo lo que está a su alcance para crecer.

Davidó agachó la cabeza, le parecía que Misegrú cada vez se lo ponía más difícil. Así que puso otra excusa para no comprometerse consigo mismo:

–Pero yo soy un inútil, todo el mundo lo dice, ¿cómo pretendes?...

---

*El espíritu que quiere promover este cuento, lo poseyeron hombres como Leonardo da Vinci. Incomprendido desde su infancia, superó las adversidades de su entorno desarrollando todas sus capacidades y convirtiéndose en un genio. Nacido en la cuna del Humanismo, movimiento cultural que estaba rompiendo con el oscurantismo de su época, lo podemos considerar uno de los más grandes pioneros, humanistas y artesanos de todos los tiempos. Su talento extraordinario hizo posible el comienzo de un nuevo período histórico y artístico: el Renacimiento. El insigne humanista aplicó sus dotes creativas a múltiples campos renovándolos: fue músico, ingeniero, arquitecto, escultor, pintor y, sobre todo, un incansable investigador. Dedico este cuento a Leonardo, quien descubrió tantas razones para vivir.

Por otra parte, quiero hacer notar a las personas que lean esta narración, el hecho maravilloso de que hay palabras en nuestro vocabulario que contemplan a la persona por encima del género. Este es el caso de *humanista* y *poeta*.

El niño no pudo acabar la frase porque Misegrú no estaba dispuesto a escuchar más lamentaciones. Esta fue su respuesta:

—Escucha Davidó, hasta la persona más sencilla tiene un valor incalculable. Su aportación es valiosísima para la continuidad de la vida.

Entonces se acercó a una encina y señaló con una de sus pezuñas uno de sus frutos y dijo:

—Fíjate en esta bellota, nadie diría que es importante. Pues bien, ella alimenta a los animales que te alimentan a ti. Si lo piensas bien, los seres humildes son los que mantienen la vida y hacen a este planeta más habitable. Es el espíritu del artesano, el de aquel o aquella que ama las cosas que hace, el que es verdaderamente útil para la humanidad.

Davidó quedó impresionado por estas palabras. Su corazón le decía que todo lo que había escuchado era cierto. Misegrú continuó hablando ante la mirada atónita del muchacho:

—Ahora has de decidir si estás del lado de la destrucción o de la construcción. La Tierra necesita tu ayuda para seguir viviendo. Si continúas destruyéndote, un día te convertirás en una máquina y tu crueldad la proyectarás contra otros. La ceguera y la ignorancia se adueñarán de ti y serás un depredador más. De ti depende hacerte responsable de tu vida. Cultiva en ti el espíritu del pionero, del humanista y del artesano. De este modo, podrás afrontar el futuro sin miedo.

Hace frío, Davidó despierta de un largo sueño. Todavía resuenan en su cabeza las palabras de Misegrú: «La naturaleza está en peligro». Su corazón late con fuerza, su recuerdo es tan vivo como el amanecer que contempla. Un impulso le lleva a abrazarse al árbol que lo ha cobijado y corre monte abajo. Parece que tiene algo importante que hacer. Ese mismo día visita la sede del grupo ecologista de su pueblo. Está decidido, desea gastar sus energías en construir algo mejor para sí mismo, para todos. Cuando habla con alguno de sus miembros de las actividades que realizan, su mirada se detiene en un papel, encabezado por el sello de la asociación. Un hermoso animal es su símbolo. La silueta de una cabra montesa sobresale como una estampa. Davidó respira hondo y sonríe: Es Misegrú, el espíritu de la cabra montesa. No, no era un sueño. Lo sabía, esa noche había hablado con el alma de la Tierra.

Sugerencias didácticas

Muchos son los jóvenes que se sienten como el protagonista de este cuento: acorralados por la vida. La sociedad ha creado una pantalla tan sórdida respecto al futuro, que paraliza todas las esperanzas y las ansias de abrirse camino de los que comienzan a vivir.

Los jóvenes más que nunca necesitan orientación para encontrar un sentido a su vida y hemos de poner en sus manos todos los recursos para que descubran su vocación desde la infancia. En esta historia se recomienda que se cultive el espíritu del pionero, del humanista y del artesano, además vamos a dar pautas más concretas con el fin de encauzar sus energías correctamente a la hora de prepararlos para elegir una profesión.

ACTIVIDADES QUE SE PUEDEN REALIZAR

DESCUBRIR   una dedicación adecuada donde podamos poner en juego las capacidades que nos caracterizan. Para ello debemos identificar cuatro habilidades o cualidades que desarrollemos con extremada facilidad. Luego buscaremos una profesión donde se pongan en juego esos dones.

EXPERIMENTAR si ese es el oficio de nuestra vida, buscando una actividad relacionada con él, que nos alimente y dé sentido a nuestra existencia, ya que el hecho de realizarla es motivo suficiente para levantarnos a la mañana siguiente con ganas de vivir.

BUSCAR   otra actividad también relacionada con la dedicación que hayamos elegido, con el objetivo de ayudar a los demás. Luego, poner en práctica diariamente esta actividad.

COMPROBAR   si ésta es realmente nuestra vocación y el oficio adecuado mediante el cual podemos realizarla, observando si practicando estas actividades, la vida nos da oportunidades y nos abre puertas. Si en lugar de esto sólo encontramos obstáculos para llevarlas a cabo, es que no es nuestro camino y debemos revisar las cualidades, la dedicación y las actividades diseñadas para empezar de nuevo.

Ejemplo del plan de investigación vital:
4 capacidades o cualidades:
- Escribir
- Enseñar
- Contar
- Pintar
Oficio elegido: *Escritora.*
Actividad de alimento personal: Escribir a diario.
Actividad de servicio: Publicar un libro de cuentos.

LEER   la vida de pioneros, humanistas y artesanos como estímulo para realizar nuestros sueños.

INVITAR   a clase a una persona a la que le guste su oficio.

PREGUNTAR   a los niños a quiénes admiran o desean emular, para ver qué actividades son de su interés.

Niña Sandía

En brazos de la vida

"Madre, cuéntame cómo es el mundo", –le dijo la sandía pequeña a su mamá grande–. Niña Sandía tenía un poquito de miedo a la vida, por eso siempre estaba acurrucadita junto a su madre.

–Querida hija –dijo mamá sandía que era grande y redonda, hermosísima, con un color esmeralda resplandeciente y un lunar amarillo en la punta que parecía un sol–. El mundo tiene muchos colores: oscuros, claros, delicados, transparentes, chillones, fríos, cálidos...

–¿Para qué sirven? –preguntó Niña Sandía con mucho interés.

–Cada color tiene un fin –respondió la madre que se dispuso a explicarle el secreto de los colores–. Atiende y lo comprenderás:

–El *rojo* es el color de la sangre, de la vida. Nosotras lo tenemos por dentro y también muchos animales, incluso los humanos.

–El *naranja* es el color de la energía, de la creatividad. Lo tienen las naranjas, las mandarinas, las zanahorias.

–El *amarillo* es el color de la inteligencia, de las ideas. Es el color del sol, del limón...

–El *verde* es el color del amor, de la sanación. Lo puedes encontrar en los árboles, en la hierba, en los campos...

–El *azul* es el color de la tranquilidad y de la armonía. Lo puedes ver en el cielo, en el ancho mar...

–El *violeta* es el color de la transformación y la espiritualidad. Lo puedes observar en el arco iris y en los tibios atardeceres.

–El *rosa* es el color de la sabia entrega y de la ecuanimidad. Lo puedes contemplar en el despertar de las auroras, en las flores...

De este modo, mamá sandía fue explicándole a su hijita toda la hermosura que guardaban los colores y dónde podía mirarlos. Y terminó diciéndole algo muy importante que Niña Sandía jamás olvidaría durante su existencia frutal:

–Hija, no tengas miedo de la vida. Mira el verde campo lleno de amapolas, el sol de los cielos, las estrellas que nos acompañan en la noche..., y mira al campesino cómo nos cuida. Sí, igual que él, nos cuida la vida.

Recuerda, cada ser tiene su color, su propia belleza que lo hace diferente; y por haber tantas cosas distintas en el mundo, existe tanta belleza. Has visto cuántas cosas bonitas nos brinda la vida, abre tu corazón a la belleza y nunca estarás sola.

Niña Sandía se sintió tan feliz cuando escuchó a su madre que le dijo entusiasmada:

—Mamaíta, mamaíta, ¿sabes una cosa? ¡Que te quiero mucho!

Después se dieron un gran abrazo de sandías.

Y nunca mejor dicho: *colorín colorado, este cuento se ha acabado.*

Sugerencias didácticas

Los dos temores más grandes de un niño pequeño son el miedo a crecer y el miedo a sentirse abandonado. Los padres y los maestros pueden aliviar estos temores contándoles cuentos, donde se les transmita la certeza de que podrán superar los obstáculos que les presenta la vida. Esto no es una ilusión, sino una medicina empleada por todas las culturas de la humanidad para que la infancia supere sus temores.

El psiquiatra Bruno Bettelheim ha comprobado que los niños necesitan esperanza para vivir y que si les falta se detiene su crecimiento. Por eso, es imprescindible que tanto los padres como los maestros, les den una explicación del mundo que estimule su confianza en la vida y en sí mismos. Sobre todo, que les enseñen a transformar las cosas negativas en positivas, eligiendo lo mejor que le ofrece la existencia, para que se sientan verdaderamente en brazos de la vida.

ACTIVIDADES QUE SE PUEDEN REALIZAR

EXPLORAR los colores y sus cualidades pintando con ellos.

TRAER a clase frutas de todos los colores para tocarlas, mirarlas por dentro, pintarlas y comérselas.

COMPARTIR cuáles colores les gustan más a cada uno y por qué.

MOLDEAR con barro o plastilina a mamá y Niña Sandía.

HABLAR cada uno de sus miedos y de cuándo se sienten solos. Intentar crear estrategias para aliviar esos miedos. Aplicarlas y después comentar en clase los resultados.

ABRAZAR Darse entre los compañeros un abrazo de sandías.

AYUDAR a los niños a reconocer las cosas bellas que poseen en su interior. Nombrarlas y escribirlas.

PREGUNTAR a cada niño por las cosas hermosas que han visto ese día en su entorno, animarlos para que las describan ante sus compañeros.

Raimundo pacificador

Construyendo la paz

No supo lo que había dentro de aquel saco hasta que lo oyó llorar. Aquel amanecer un corazón había bajado de las montañas de forma furtiva y llamó a su puerta. Al abrirla reconoció los rasgos del hijo que se echó al monte, quien le entregó entre nudos de soga a su primer nieto, con estas palabras:

—Póngale el nombre del padre, Raimundo, y de segundo, Pacificador.

No le dio más explicaciones, se dio media vuelta y se fue para siempre, haciéndola abuela de golpe.

Sí, el padre de Raimundo Pacificador fue guerrillero. Y como su abuela decía, aquel nombre se lo había puesto por algo. Raimundo se crió al amparo de la buena mujer y fue un niño tan tranquilo, tan pacífico, que se ganó la fama de tonto en su pueblo, además de los palos de los chiquillos. Menos mal que Raimundo podía correr a las faldas de su abuela para ocultar sus lágrimas. Ella lo recibía gustosa, le acariciaba la cabeza y le decía:

–Raimundillo, Raimundillo, mi niño, mi compañía, ángel del cielo, algún día tendrás tu recompensa.

Él no sabía lo que significaba aquella palabra pero actuaba en su interior como si fuera mágica, porque, al instante, calmaba su llanto.

De mozo siguió con su cruz. «Raimundo, tonto, cara de tonto», –le decía la gente–. Esta era la cantinela diaria que acompañaba sus andares. Hasta que una noche murió su abuela. Y le cambiaron la letra por la de «pobre infeliz». Su querida abuela lo llamó a su lecho antes de fallecer y le dijo:

–Raimundo, no tengo nada que dejarte, pero has de saber que dentro de tu nombre tienes un tesoro. En él está el secreto de cómo podrás ganarte la vida. Raimundo, tú no eres un tonto, tú eres un pacificador.

La herencia de la abuela fue abrirle los ojos al muchacho que, desde ese momento, supo cuál era su oficio. Raimundo Pacificador, en aquel pueblo perdido de la mano de Dios, sabía mejor que nadie lo que era la violencia, porque toda su vida había sido carne de cañón. Pero también sabía lo que era la paz. La respiraba cuando se tendía en el verde mullido del campo para mirar las nubes. La sentía en sus manos cuando cogía algunas naranjas de los árboles y se las comía tomando el sol. Primero, las olía para nutrirse de su perfume a primavera, fuerte y exuberante; más tarde las pelaba y cada gajo de naranja que se deshacía en su boca, era como un trocito de sol que se le derretía dentro. Y es que a Raimundo la paz le acompañaba en cada uno de sus actos y la poesía le manaba por todas partes sin darse cuenta.

Aunque parezca mentira, muy pronto pudo cumplir con su sino. Cuando le preguntaron a qué se dedicaría después de morir su abuela, respondió: "Trabajaré como pacificador". Y le faltó poco tiempo a la gente para ponerlo en un aprieto. Lo llamaron para intervenir en una riña de taberna. Ante la mirada atónita de los lugareños logró calmar a los contendientes, que lo invitaron a tomar lo que quisiera. Así comenzó a ser respetado en su pueblo. De todas partes lo llamaban para resolver pleitos. Desde peleas entre hermanos, cuestiones de lindes y hasta reyertas de navajas. "Vamos por Raimundo, él lo solucionará", –decía la gente–. Nunca le faltó un trozo de pan ni unos garbanzos que llevarse al estómago; además, ahora tenía de postre el cariño de sus paisanos.

Ustedes se preguntarán que cuál era el arte del pacificador. Bien, pues su arte consistía en parar el tiempo. En cualquier conflicto, recordaba a los rivales lo bueno que había hecho el uno por el otro. Les decía:

–¿Has olvidado Juan, que Pedro salvó a tu becerro? Y tú, Pedro, ¿has olvidado cómo él cuidó de tus hijos cuando faltaste a tu casa?

Lo que habían borrado de sus memorias en cinco minutos, Raimundo lo hacía presente. De esta manera el presagio de un odio eterno, se convertía en una escaramuza de chiquillos que dejan de prestar atención a los puños apenas comienzan un nuevo juego.

Pero, Raimundo sabía que el secreto de la paz era llevarla dentro y la cuidaba en su interior como a un pájaro de cuento cuyo trino es necesario paro la vida. Su calma fue tan profunda que ya sólo bastaba con su presencia para apaciguar una disputa. Aun así, el pacificador siguió sintiendo devoción por su nombre. Cuando se acostaba solía pensar en él hasta dormirse. Le daba las gracias por el pan que le traía todos los días y por el afecto que le profesaban sus vecinos, aquellas personas que de tonto, pasaron a considerarlo un hombre sabio. Su nombre se había convertido en su más fiel compañero y esperaba algún día desentrañar todo su significado.

Una noche, al fin, logró su deseo. Su abuela se le apareció en un sueño, vestida de blanco como una virgencita y le dijo cuál era la esencia de esas dos palabras que se habían convertido en el talismán de su vida. Las mismas que contenían el remedio para acabar con todas las guerras y las desdichas: Raimundo, raíz del mundo; Pacificador, el que hace la paz. Esta era la lumbre que guardaba en su pecho, el sentido de su existencia: *plantar la raíz de la paz en el corazón de cada ser para que floreciera en el mundo*. Efectivamente, en su nombre estaba escrita la recompensa a todas sus lágrimas.

Sugerencias didácticas

Imagino a todos los niños que han sufrido el ataque de los demás tan sólo por tener una conducta diferente. A aquellos niños que son más tranquilos se les perturba y se les agrede por no cumplir con las normas patriarcales, donde se estipula que la masculinidad es sinónimo de violencia.

Pienso en todos los niños que han sido acusados de «mariquitas», «tontos», «inútiles», etc. y que no han podido zafarse de estas etiquetas e incluso han llegado a asumirlas para satisfacer las expectativas de los demás, con el objeto de poder existir para ellos. Esto resulta paradójico, pues los científicos actuales perfilan el prototipo del chico más inteligente como miope, zurdo y por ende pacífico.

Este cuento es un homenaje a todos estos seres en los que nadie pudo ver el valor de lo distinto. La mejor aportación que podríamos hacer para transformar la realidad en este sentido, es reconocer los talentos que hay en cada persona. Por otra parte, la narración contiene en sí una propuesta: la instauración del oficio de pacificador, algo extremadamente necesario en nuestros tiempos. Se trata de abrir caminos a los oficios que favorezcan la reconciliación, para sanar una sociedad donde se potencia el «ir en contra de» por sistema.

ACTIVIDADES QUE SE PUEDEN REALIZAR

DIALOGAR   sobre las etiquetas que solemos colocar a los demás, y de cómo hacen daño a quienes las llevan. Sería interesante identificar algunas durante el coloquio.

PROYECTAR   la película *Juan Salvador Gaviota*.

INVITAR   a un representante de una organización pacifista para que hable de su labor.

IMAGINAR   la posibilidad de crear una empresa de pacificación, a la que pudieran acudir las personas para resolver sus rencillas. ¿Cómo sería?

ESCRIBIR   sobre lo que puede hacer cada uno por la paz.

EXPONER   en grupo a qué se compromete cada participante por la paz, para llevarlo a cabo en su vida cotidiana.

CREAR   un mural donde se recreen imágenes y textos que correspondan a la siguiente afirmación: *La paz hay que llevarla dentro de uno y cuidarla en nuestro interior, esta es la mejor forma de contribuir a la paz.*

BUSCAR   el significado de los nombres de los niños, compartirlo en clase y averiguar si hay alguna relación con su personalidad.

May, orejas largas

Facilitar la expresión de la rabia para evitar la violencia

Érase una vez un perrillo precioso de color canela, se llamaba May, y tenía las orejas muy largas, muy largas. Cuando andaba, las arrastraba por el suelo; si bebía metía las orejas en el agua antes que la lengua y al correr parecía que dos alas salían de su cabeza para, en un descuido, echar a volar.

May, orejas largas, era el perro más juguetón del lugar, le encantaba jugar con los demás animales. Pero le ocurría algo terrible: cuando comenzaba a jugar sacaba sus garras y arañaba y hería, incluso tiraba mordidas de verdad. Él no sabía que hacía mucho daño. Lo cierto es que los demás animales comenzaron a alejarse de él y se quedó muy solo sin saber por qué.

Como nadie quería jugar con él, se fue al campo, se escondió entre los matorrales y decidió que si nadie le quería se convertiría en un perro rabioso que asustaría a todo el mundo. Desde luego nadie se atrevía a pisar el campo, pues todos le temían. Aquella situación no podía durar mucho tiempo, ya que no tenían qué comer. Por este motivo los animales se reunieron y decidieron mandar a Quila Tranquila para que hablara con él. ¿Que quién era ella? Pues era el único animal a quien el perro no podía morder: Quila Tranquila era una tortuga.

La tortuga llegó muy lentamente a su escondrijo y lo llamó: "¡May, May!". May salió disparado y la tortuga al verlo se escondió en su caparazón. Él sacó sus garras y le dio muchas vueltas a aquella cosa que parecía una piedra. Cuando se cansó vio cómo una cabecilla pequeña que asomaba por debajo le decía:

–May, quiero hablar contigo.

–Vaya, una piedra que habla, eres muy rara –dijo el perro.

–Soy Quila Tranquila, me han enviado los animales del bosque para decirte que te tienen un miedo terrible.

May se extrañó mucho de lo que estaba escuchando y exclamó:

–Pero si yo sólo quiero jugar con ellos. A lo que Quila respondió:

–En cambio ellos no quieren jugar contigo porque les haces mucho daño, siempre salen malheridos de eso que tú llamas juego.

May se sorprendió más aún y gritó enfurecido: –Pero, ¿cómo que les hago daño?

La tortuga con voz firme le espetó:

–Eso que tú llamas juego es sólo violencia. –¿Y qué es eso? –preguntó el cachorro.

Quila sacó una lista que le habían dado los animales y fue enumerando todas las agresiones que ellos habían recibido:

–Dar patadas, arañar, tirar mordidas, pelear a puñetazos... Eso es la violencia y hace mucho daño a las criaturas. Por eso todos huyen de ti, porque no sabes jugar.

–Entonces, ¿qué es jugar? –preguntó el perrillo con la cabeza baja y el rabo entre las patas.

A lo que la tortuga contestó sentenciando: *jugar es disfrutar.* May se quedó muy pensativo por todo lo que había oído y comenzó a comprender por qué nadie quería jugar con él; como era muy listo decidió que cambiaría su forma de jugar. Y desde aquel día las cosas fueron muy distintas para aquella comunidad de animales. Habían recuperado a un amigo. Ahora sí que podían disfrutar, porque May dejó de pelear y se convirtió en el perrillo más divertido de los contornos.

Sugerencias didácticas

Sabemos que los niños asimilan fácilmente las pautas de comportamiento que ven en los mayores, pues fundamentalmente aprenden a través de la imitación. Por tanto, la violencia también se aprende y los niños la reproducen en sus juegos sin conciencia del daño que pueden ocasionar. El origen emocional de la violencia lo podemos encontrar en la rabia. Si el niño acumula su rabia en la vida cotidiana por represión familiar, tenderá a buscar válvulas de escape para expresar esta emoción entre sus iguales. A veces, la expresión de esta emoción puede adquirir rasgos de violencia, incluso de crueldad, si sufren una anulación total de su personalidad. Por éste y otros motivos, su mundo roto puede convertirse en ira desmesurada contra sus compañeros de juego.

Los mayores entendemos la rabia como un mal sentimiento, así nos lo han enseñado socialmente desde que éramos niños: "Si expresas tu rabia no eres un niño bueno". Pero la rabia es una emoción tan legítima como cualquier otra; la poseen los animales para defenderse, para delimitar su territorio, y no olvidemos que nosotros somos animales. Expresar la rabia es algo muy positivo porque pone barreras personales y protege nuestra integridad; lo nefasto es cuando este sentimiento se acumula y explota en forma de violencia, algo que es bastante usual y que en la infancia puede adquirir rasgos de tragedia.

Me decía una terapeuta con dos niños, que cuando sus hijos hacían una rabieta ella los ayudaba a expresar sus sentimientos. Los acompañaba estimulándolos a patalear, pataleando con ellos, o bien les ponía almohadones en el suelo para que dieran todos los puñetazos que quisieran en ellos. De este modo, la ira desaparecía sanamente, aceptándola como algo natural y necesario. En nuestra sociedad tenemos que aprender a enfadarnos y expresar la rabia debidamente. Podemos empezar enseñando a los niños que la violencia no es un juego.

ACTIVIDADES QUE SE PUEDEN REALIZAR

DIFERENCIAR el juego de la violencia, poniendo imágenes de deportes violentos como el boxeo, frente a deportes divertidos.

ORGANIZAR   un coloquio para detectar las diferencias entre juego y vio-
                   lencia, teniendo entre otros puntos de referencia lo que
                   sucede en los recreos.

ENSEÑAR   los distintos ritmos de la existencia: lento/rápido, ejem-
                   plificándolos con los animales citados en el cuento.

DIALOGAR   sobre la importancia de ir despacio por la vida.

BAILAR   cuando el ambiente esté muy cargado de tensión, utilizar
                   el baile para descargar la energía.

Flor tímida

Florecer

Érase una vez una florecilla que estuvo cerrada durante mucho tiempo. Temía abrirse y que la vieran por dentro. Queridos niños, no se pueden imaginar el temor que sentía tan sólo con pensar que la verían sus hermanas, ellas que eran tan hermosas.

Pero los rayos de sol anunciaban que ya había acabado el invierno. Muy pronto comenzaron a llamar a la puerta de cada flor: Pom, pom, pom... Diciendo:

—Despierta, despierta, ábrete preciosa, ya se ha acabado el sueño del invierno.

Nuestra florecilla también recibió la llamada del rey del cielo, sus rayos la acariciaron haciéndole cosquillas, y no tuvo más remedio que desperezarse. Quiso abrirse para agradar al sol, pero cuando estaba intentándolo recordó su miedo y se volvió a cerrar.

El sol que conocía muy bien el despertar de las flores, tuvo más paciencia con ella que con ninguna. Cada ratito le susurraba:

–Ábrete, ábrete, pequeña.
A lo que ella contestaba con un no.

–Bueno, entonces dime qué te pasa –repuso el astro.
La planta escondida, le contestó con mucha timidez:

–Tengo miedo de no ser como las demás..., de que no me quieran.

En ese momento, el sol asombrado, descubrió que estaba llena de lágrimas por dentro.

Un resplandor dorado secó las gotitas desprendidas del capullo, que con estas palabras fue aliviado por la luz solar:

–Todas las flores padecen el mismo miedo que tú, desde la más grande hasta la más pequeñita teme abrirse al mundo, le asusta crecer. Sin embargo, cuando la Diosa Primavera que se aposenta en su seno les pide que se abran y alegren a todas las criaturas, todos abren sus pétalos para cantar la canción del existir, y todas son bellísimas porque dan lo que tienen.

Entonces la florecilla se atrevió a mirarse por dentro, y escuchó la voz de la primavera que le latía muy hondo:

–Ábrete, crece y alegra la vida cantando mi canción.

La flor así lo hizo, en un abrir y cerrar de ojos pasó del miedo a la alegría, siendo otra bella flor del maravilloso tapiz que ese año tejió la Madre Naturaleza.

Sugerencias didácticas

Con este cuento podemos trabajar el miedo a crecer a través de la expresión corporal y ejercitando a los niños en dos movimientos que son ejes del palpitar de la vida: *abrir y cerrar*. No en vano el corazón está regido por estos dos movimientos y hasta el carácter del ser humano es calificado como abierto o cerrado dependiendo de sus actitudes. Sabemos que la psicomotricidad es básica en una buena enseñanza; el cuento también nos puede brindar su apoyo para desarrollarla.

Podemos disponer a los niños en un círculo sentados en el suelo. Antes de comenzar el cuento les indicaremos que tienen que cerrar los ojos e imaginar que ellos son la flor del cuento y han de ir expresando con su cuerpo lo que ésta siente. El maestro además de ir contando el cuento, hace de sol y va pasando por cada flor tocándolas para que despierten.

Si lo cree conveniente, y a tenor de la edad de sus alumnos, puede en una segunda ronda preguntarle a cada niño al oído cuál es su miedo, para terminar el cuento siendo la voz de la primavera que los anima a crecer.

Este cuento también es adecuado para personas mayores, utilizando este mismo método; los resultados son sorprendentes. La toma de conciencia de sus miedos les hace recapacitar sobre sus propios límites. Además, pueden reconocer cuáles son sus caminos para seguir creciendo, recreando la flor de sus deseos, según la actividad más abajo reseñada.

ACTIVIDADES QUE SE PUEDEN REALIZAR

BAILAR   al son de una música primaveral y expresar con el cuerpo la alegría de vivir.

PINTAR   la flor más maravillosa que podamos imaginar. Escribir en cada uno de sus pétalos, nuestros más fervientes deseos, los dones y las capacidades que tenemos y queremos ejercitar, para crear La Flor de nuestros DESEOS.

DIALOGAR   sobre los miedos y las absurdas comparaciones.

RECORDAR   que todos merecemos vivir y tenemos derecho a la felicidad.

CANTAR   una canción que apoye la vida. (Se puede inventar).

ESCRIBIR   las siguientes afirmaciones que también se pueden corear en clase: *Gracias papá por haberme dado la vida. Gracias mamá por haberme dado la vida.* Después entregárselas a los padres.

Perseverancia

La magia de las palabras

Érase una vez un niño que soñaba con venir al mundo. Este deseo lo impulsó a ascender por el camino de estrellas rutilantes que lo llevaron hasta el planeta madre, regidor de los nacimientos. El niño le pidió por favor que le ayudara a realizar su anhelado sueño: venir a la Tierra, pues alguien le había hablado de la belleza del mar y la grandeza de las montañas, y quería ir a verlos. El planeta origen brilló, mostrándole doce figuras que correspondían a las fases del tiempo en la Tierra. Le dijo que eligiera una, no sin antes advertirle sobre las dificultades que conllevaba vivir en un lugar tan inhóspito. El niño eligió el arquero.

Perh nació en una casa rodeada de pinos, su aroma le llegó desde que nació. Era un hogar humilde, que se distinguía de los demás por tener un frondoso abedul en la puerta. Este era el único árbol diferente del lugar y causaba admiración en los caminantes. También Perh era distinto. Cuando fue creciendo todos los demás se dieron cuenta de ello, porque en una de sus mejillas se iba perfilando un símbolo muy especial con forma de arco; esta singularidad sólo despertó la antipatía y la desconfianza de los lugareños.

Para Perh su hogar fue pronto un nido de amenazas y de amarguras. Su padre, un hombre violento, descargaba continuamente en él su ira, haciéndolo culpable de sus desgracias por la señal que tenía en el rostro. Por otra parte, su madre lo avergonzaba, además de imponerle castigos cada vez que salía de casa, pues no quería que nadie lo viera. Ningún niño jugaba con él y todos los vecinos lo miraban de reojo como si algo extraño fuera a suceder si se atrevían a mirarlo de frente.

La única alegría de Perh, eran las violetas que crecían salvajes en el camino del bosque. Sus formas acampanadas extasiaban al niño, y sus colores morados, rosados, azules, malvas, embebían su mirada cuando eran mecidas por el aire. Las violetas avivaban todo lo bueno que había en él, por ellos conocía la sonrisa, por ellas el niño no era un árbol tronchado por la vida.

El bosque era su verdadero hogar, a él llegaba triste y de él salía contento. Los árboles y los animales lo conocían por el amor que les prodigaba. Un día el niño llegó llorando, quería morir; había olvidado completamente su origen, su deseo de conocer la tierra y las advertencias del planeta madre. Lloró tanto que el bosque entero se apiadó de él. Cuando la sal de sus lágrimas humedeció la piedra donde estaba tumbado, se durmió, y en sueños las violetas le hablaron:

–Perh, querido Perh, no sufras tanto. Si perseveras, sabrás cuál es el sentido de todo lo que te sucede. Ve a ver a Margit, la reina del bosque que vive en la casa cumbre, ella responderá a todas tus preguntas y podré ayudarte. Toma una violeta, te servirá para que te traten como mereces. Y no olvides que cuando aparezcan obstáculos en tu camino, habrás de mirar al cielo, si ves dos mariposas rojas, síguelas, no te detengas y desaparecerá tu miedo. En cambio, si ves dos mariposas blancas, párate, quien quiera que sea te guiará en la búsqueda.

El niño se despertó extrañado al verse rodeado por bellísimas rosas y encontrar una hermosa violeta en su pecho. Enseguida recordó lo soñado y tomó fuerzas para seguir adelante, un largo camino le esperaba. Anduvo y anduvo con su violeta en la mano, hasta que dos lobos temibles le salieron al encuentro. En ese instante, dos mariposas rojas rozaron su pelo, él alzó la mirada y se olvidó del temor que les tenía a las fieras. Entonces los lobos pasaron de largo sin hacerle ningún daño.

Perh continuó andando; al atardecer un caballo blanco le salió al encuentro. El niño lo miró extasiado, y cuál no fue su sorpresa que el caballo le habló:

—Mi nombre es Ragnar, soy el caballo del arquero, hace mucho tiempo que te esperaba, innumerables viajeros han cruzado este camino, pero ninguno tenía la señal que se dibuja en tu rostro, sin duda tú eres el amo al que espero.

Perh se sintió como si hubiera encontrado una parte de sí mismo, dos mariposas blancas que surcaban el aire le hicieron saber que su corazón le decía la verdad. Por fin, comprendía el significado de la huella en su cara y se llenó de felicidad. Merecía la pena haberla llevado tan sólo por conocer a Ragnar. El primer amigo que tenía en el mundo.

Para Perh, el viaje se hizo mucho más entretenido y menos cansado; era tal la unión del corcel y el niño al cabalgar, que parecían un solo cuerpo. Cuando iban acercándose a un apacible riachuelo, vislumbraron a lo lejos un hermoso palacio de jade que resplandecía por encima del silencio. De pronto, Ragnar detuvo el paso ante el puente diminuto que conducía a la fabulosa mansión.

«Continúa –dijo Perh–», pero Ragnar se negó, un tenebroso abismo se había abierto ante ellos. Cuando el niño se dio cuenta, enseguida sacó la violeta de lo hondo de su pecho. El abismo por arte de magia volvió a hacerse puente y Ragnar galopó en un vuelo hasta la cumbre. Los dos se encontraron delante de una enorme puerta formada por dos árboles gemelos; estaban tan juntos y sus ramas eran tan inmensas, que parecía imposible entrar. Entonces, Perh sacó la violeta de las profundidades de su alma y habló:

–Vengo a ver a Margit, la reina del bosque.

Las palabras de Perh no pudieron convertirse en eco, pues en un instante se vio con Ragnar en el salón regio. Una corte de animales rodeaba un sillón de esmeraldas. Y ahí estaba la reina del bosque, la más bella de los cuentos. La reina le preguntó:

–¿Quién eres muchacho?

A lo que Perh contestó pronunciando su nombre a la vez que dejaba su violeta morada en el suelo. En ese momento, toda la corte muy asombrada exclamó al unísono:

–¡Oh, viene a pedir consejo!

Perh, se arrodilló ante la reina y con las manos en su corazón, le comunicó que quería saber cuál era su destino. Margit se levantó de su trono y con voz grave le indicó que sólo podría responderle a tres preguntas.

Perh, sin vacilar, le hizo la primera:

—Quiero saber por qué sufro tanto.

La reina le dijo:

Hasta las cebollas sienten.

El niño no entendió nada, así que insistió:

—Soy muy desdichado, ¿por qué cualquier animal es más feliz que yo?

Margit, muy seria le respondió:

—Cada animal es un mundo.

Perh, seguía sin entender nada y desesperado le hizo su última pregunta:

—¿Estaré siempre condenado a esta vida?

La reina con una voz que parecía salir de lo más profundo de las cavernas, sentenció:

—La fuerza de las raíces puede romper los muros.

El muchacho gritó:

—Majestad, no entiendo nada de lo que dice.

La reina del bosque terminó de forma tajante:

—Tus tres preguntas fueron contestadas, se acabó la sesión.

Después pronunció su última palabra, haciendo tintinear todos los cristales de la sala real: ¡*Perseverancia*!

Al instante el palacio de la reina con toda su corte se desvaneció. Perh parecía despertar de un nuevo sueño sin recordar dónde estaba, pero la dureza de la piedra donde yacía lo situó en la realidad de golpe. El bosque entero susurraba su nombre con melancolía mientras el niño caminaba de regreso a la casa de sus padres. Aunque esta vez una palabra rotunda lo acompañaba, haciéndose eco en su oído: *Perseverancia*.

Las maldiciones de sus progenitores volvieron a ser su pan de cada día. Sin embargo, Perh había encontrado una manera de aliviar su carga. Cuando lo atosigaban, se refugiaba en la cocina, sacaba de la alacena una humilde cebolla y decía para sí:

—Hasta las cebollas sienten, no haré caso de sus insultos ni me compadeceré... Perseverancia.

Las personas del lugar siguieron despreciándolo y humillándolo, de ellos sólo escuchaba:

—Perh, eres un patán, no llegarás a ninguna parte, ¿para qué estudias?, ¿para qué te esfuerzas?...

Y él pensaba:

—Si cada animal es un mundo, qué no podré ser yo... Perseverancia.

De esta forma nadie podía apartarlo de sus quehaceres y seguía estudiando con más ahínco.

Cuando Perh fue mayor realizó sus deseos y comprendió por fin el significado del último enigma: «La fuerza de las raíces puede romper el muro». Efectivamente, había logrado ser lo que quería, rompiendo los muros de los condicionamientos del lugar donde había nacido, gracias a su perseverancia. Y allá a lo lejos, en el fondo de su corazón, un caballo blanco siguió galopando, Ragnar, su fiel amigo. Mientras un palacio de jade se alzaba perpetuo en su mente con su corte de animales y su reina Margit, la que hablaba con poesía y en sueños. Su queridísima reina de los bosques que durante toda su vida le recordó que si se lo proponía, con perseverancia, podía surcar el cielo.

Sugerencias didácticas

En la sociedad donde vivimos prácticamente nos hemos olvidado del poder de nombrar. Las palabras se reducen a ser adjetivos, sustantivos... y poco más. Pero lo cierto es que las palabras que utilizamos crean nuestra realidad porque ellas construyen nuestro pensamiento y por consiguiente nuestra manera de ver el mundo. Es necesario que recuperemos el amor a la palabra en todos los ámbitos, desde el hogar hasta la escuela. Una forma maravillosa de hacerlo es enseñar a los niños a descubrir su magia.

La palabra tiene un sonido, una musicalidad que es ya en sí una fuente de sugerencias de posibles significados. Recuerdo que cuando era pequeña mi oído captaba palabras que le gustaban por su sonoridad. Ejemplo de ello eran las palabras «lánguida» y «melancolía»; yo no sabía lo que significaban, sin embargo llegué a emplearlas en las redacciones correctamente.

El niño es una esponja de palabras al que le encanta descubrir sus significados porque así amplía su mundo. Sin duda, podemos apasionarlo por el lenguaje mostrándole la magia que contienen las palabras, explorando su musicalidad como vía para averiguar su significado y revelándole su origen. Esto quiere decir que le mostremos la raíz de la palabra, la cultura que la originó, el significado profundo de la misma según su etimología y si está en nuestra mano, las distintas variaciones que ha tenido al pasar por distintas culturas. Así, la palabra adquiere vida ante los ojos de los niños, despertando todo su interés.

Cuando conté este cuento a unos niños, enseguida atrajo su atención la palabra *perseverancia*, bella y resonante, que atesora todo un mundo de sugerentes significados en su interior. Hice que la pronunciaran varias veces para que paladearan su música, después les revelé el secreto que contenía. El misterio de esta palabra me ayudó a captar su atención durante todo el cuento. Los niños tenían una gran problemática familiar, se podría decir simbólicamente que eran huérfanos por carecer de protección y estar abandonados al mundo, como el protagonista de la historia. Pues bien, esta palabra quedó inscrita en su vocabulario y seguramente, como en el cuento, les ayudará a afrontar los retos de la vida.

ACTIVIDADES QUE SE PUEDEN REALIZAR

NOMBRAR   la palabra *perseverancia* saboreándola, para ello utilizar diversos tonos de voz.

JUGAR   imaginando lo que puede significar. Sería interesante hacer una lluvia de ideas.

CONTAR   el cuento *Perseverancia*.

ILUSTRAR   el cuento de forma colectiva y conservarlo.

BUSCAR   el significado de la palabra creando equipos de búsqueda. Cada miembro del equipo tendrá una misión:

1. Hallar el origen de la palabra.
2. Averiguar su significado usual.
3. Poner ejemplos de su utilización.
4. Función lingüística que desempeña.
5. Explicar los hallazgos.

TENER   una canastilla donde los niños puedan meter palabras que les ayuden para disponer de ellas cuando lo necesiten. La canastilla de palabras se puede convertir en un juego si los niños eligen la palabra al azar. En el reverso puede venir su significado y su origen.

CREAR   más adelante una canastilla de pensamientos positivos. Podemos añadir en estas tarjetas el nombre del autor/a, lo que en un momento dado puede servir como estímulo para su lectura. Los niños podrán aportar los pensamientos que deseen. Lo ideal sería que a la larga cada uno pudiera disponer de su propia libreta de pensamientos positivos.

MOSTRAR   las doce figuras del horóscopo y explicar el origen de la astrología y su derivación a la astronomía.

MIRAR   las estrellas e intentar identificar alguna constelación o algún planeta.

DISEÑAR   una constelación e inventar un nombre para ella.
                 Después contrastar el resultado con los diversos nombres que
                 le dieron diferentes culturas a las más famosas.

PROYECTAR   en diapositiva diferentes tipos de galaxias, nebulosas, cons-
                 telaciones y planetas.

REMEMORAR   vidas de personas «diferentes», ya sean personajes históri-
                 cos o seres anónimos, que hayan utilizado su particularidad
                 para desarrollar sus talentos.

VER   la película *Cyrano de Bergerac*.

INVITAR   a seres «distintos» a clase y organizar un coloquio sobre
                 cómo vivir siendo diferente. Abordar el tema de la vergüen-
                 za, las etiquetas y la falta de autoestima.

CREAR   respuestas-enigmas y después explicar su secreto.

INFORMAR   sobre la importancia de soñar y la posibilidad de interpre-
                 tar los sueños.

RELACIONAR   el lenguaje de la poesía con el de los sueños.

ESCRIBIR   una historia a partir de un sueño.

madre montaña

Padre de nuestros padres

Había una vez un pueblo muy pequeño donde vivía una familia que no era muy feliz. Los padres siempre andaban regañando y su única hija, Violeta, aunque era muy pequeñita, intentaba calmarlos y contentarlos como podía. Muchas veces dejaba sus juegos para arrancarle una sonrisa a su madre y estudiaba mucho para que su padre estuviera orgulloso de ella. Pero Violeta no conseguía que dejaran de pelearse por más que se esforzaba. Por eso era una niña triste. Guardaba su pena dentro del corazón para que nadie la viera, sólo una cosa en el mundo sabía de sus lágrimas: la montaña. Ahí huía para esconder su llanto.

Una tarde llegó corriendo tan rápido a la peña que era su refugio, que en vez de llorar se quedó dormida, pues estaba muy cansada. Pronto se hizo de noche y Violeta siguió soñando. Cuando despertó y vio que todo estaba oscuro le entró mucho miedo, estaba ten nerviosa que no podía encontrar el camino de regreso. Violeta tropezó con una piedra y rodó hasta caer a los pies de un alcornoque gigante que comenzó a hablarle.

Imagínense el susto tan tremendo que se llevó la niña, no podía creer lo que estaba escuchando, una vocecilla le decía que no tuviera miedo, pero a ella empezaron a castañetearle los dientes. Un ser con plumas salió de entre las ramas; tenía los ojos muy grandes y giraba el cuello de una forma extraordinario, como si le diera vueltas a toda la cabeza. Violeta nunca había visto a un pájaro que supiera decir no, así que pasó del miedo al asombro. Después, oyó cómo se presentaba, con tan buenos modales, que la niña se tranquilizó.

—Soy el búho Paquillo, un amigo para servirte.

—Yo me llamo Violeta y me he perdido, tengo miedo de la montaña, es de noche.

La chiquilla no pudo terminar la frase porque Paquillo empezó a re-citarle una poesía. Sí, amigos se había encontrado con un búho poeta que abría sus alas de una forma muy graciosa mientras decía:

La montaña es un animal dormido
que sueña dentro,
se despierta por la noche
y abriga a los animales con sus dedos.
Con su manto envuelve a los árboles
para que no les dé frío,
las nubes reposan en ella,
después siguen su camino.

La montaña es un caracol gigante
que va camino del río,
es una gran señora
protege a pájaros y niños.
Nunca te asustes de ella,
pues sólo enseña sus pinchos:
a los que cazan,
a los que incendian,
a quienes envenenan ríos.

Violeta aplaudió con muchas ganas al búho Paquillo, éste saludó repetidas veces como si estuviera en un gran teatro.

–Gracias preciosa por tus aplausos, pero dáselos mejor a Madre Montaña; ella me inspiró estos versos.

Al pronunciar la palabra madre, la niña se puso muy triste porque recordó su hogar y preguntó a su amigo:

–¿Querría la montaña ser también mi madre?

–Pues claro, la montaña es madre de todas las criaturas y te puede enseñar mucho porque también es una gran maestra, a mí me enseñó a hacer poesías y lindos cuentos.

Violeta no salía de su asombro.

–La montaña tiene un corazón que palpita escondido, muy pocos lo saben, yo sí, y sabe responder a quien la quiera escuchar y la sepa entender – le dijo el búho a Violeta en un tono misterioso, acercándose a su oído.

Después, casi la dejó sorda cuando recalcó gritando: –¡Ella lo sabe todo!

En un corto vuelo el búho se posó en una encina y comenzó a girar la cabeza sin parar, expresando así su contento. Violeta estaba cada vez más desconcertada, pero era tanta su curiosidad y tenía tantas ganas de aprender el lenguaje de la montaña para que la ayudara a resolver sus problemas, que interrumpió a aquel carrusel de plumas con una fuerte voz:

–¡Enséñame!

–Bien, pero necesitamos una pregunta para empezar, ¿tú tienes alguna? –preguntó Paquillo.

–Sí, ¿qué pueden hacer los niños si sus padres se pelean? –repuso Violeta.

Madre Montaña escuchó a Violeta y comenzó a responder de un modo singular. Un calorcillo invadió el ambiente, anulando el frío de la noche y haciendo salir a los animales de donde se cobijaban. La familia conejo salió de su madriguera, los lobos salieron de su guarida y las águilas sobrevolaron con sus crías el firmamento.

–Atención Violeta, la montaña te está hablando –dijo Paquillo a la niña.

–Pero, ¿qué quiere decir? –preguntó ella.

–Mira a los animales, ¿qué ves? –preguntó el ave.

–Veo muchos animales, los pequeños van con sus papás y sus mamás, hay muchos tipos de familias –dijo Violeta.

–Sí, eso es, eso te quiere decir Madre Montaña que hay familias muy diversas, pero atiende, todavía no ha acabado su mensaje, mira cerca de aquella cueva –le indicó el búho–. La niña vio a unos osos que se estaban peleando, mientras unos oseznos que seguramente eran sus crías jugaban tranquilamente sin hacer caso a sus padres, como si expresar la rabia fuera lo más normal en la naturaleza de los osos.

–A los ositos no les afectó la rabia de sus padres, los ositos siguen atentos a sus juegos y son muy felices –dijo Violeta.

A continuación la niña exclamó:
–¡Pero Paquillo, los humanos no somos osos!

–Bueno, es cierto aunque algunos son tan rabiosos como osos. La rabia es buena, la tienen tanto los humanos como los animales, es natural que la expresen, así después se pueden calmar, y a otra cosa mariposa. Por eso los niños tienen que estar en sus cosas y no en los asuntos de los mayores, ya que no pueden comprenderlos –sentenció el búho, que a la niña le iba pareciendo cada vez más sabio.

Paquillo volvió a insistir en que Violeta se fijara en cada una de las familias de animales. La chiquilla aprendía el lenguaje con facilidad, le parecía sencillamente fascinante saber leer en el libro de la naturaleza.

–Veo cómo cada animal enseña a sus hijos lo que sabe, los pájaros aprenden a volar, los linces a cazar,... –comentó Violeta.

–Sí, pero hay algo común a todas las crías; si te fijas, aprenden muy pronto a cuidar de sí mismas para no necesitar a sus padres y seguir su camino. Esa es la gran ley de la montaña: *cada uno ha de saber cuidar de sí mismo*. Cuanto antes uno aprenda a no depender de nadie, será más libre. Los verdaderos padres enseñan esto a sus hijos desde que nacen, pues saben que es el mejor tesoro que les pueden legar. Aunque ellos son sus progenitores, entienden que la verdadera madre de todos los seres es la vida, que ha de enseñar a cada uno sus lecciones a veces con dolor y otras con alegría. Esto lo saben todos los animales del bosque y me consta que se les ha olvidado a muchos humanos –refirió Paquillo con sabiduría.

Paquillo no pudo terminar su discurso, unas voces humanas lo interrumpieron, sus gritos estremecidos rompían el silencio de la montaña. Estaba amaneciendo, las luces del alba indicaban al búho que tenía que retirarse a dormir. Entre bostezo y bostezo, le indicó a Violeta que no olvidara lo aprendido, después se escondió en el ramaje espeso de un roble centenario. Cuando su amigo se ocultó, ella empezó a gritar:

–¡Papá, mamá, estoy aquí!

Los padres fueron corriendo hasta Violeta y la abrazaron con lágrimas en los ojos. Ellos esperaban encontrar a su hija muerta de miedo, pero la hallaron feliz. Su sonrisa era tan hermosa que se extrañaron, sobre todo porque no dejó de sonreír hasta llegar al valle. Sólo Madre Montaña sabía que Violeta le estaba dando las gracias en su mismo lenguaje.

Sugerencias didácticas

Aunque algunas personas se sorprendan si reflexionan un momento y miran en sus vidas o en su entorno, verán que muchos niños están condicionados a ser padres de sus padres. En las parejas disfuncionales que no saben solventar sus problemas a través del diálogo, se utiliza a los hijos como puente de comunicación. El niño se convierte en un hilo de cobre que absorbe los sentimientos negativos de los padres y por ende se cree el causante de los problemas. Esto le provoca un gran sentido de culpabilidad que quizás le acompañe toda su vida. Además, mientras va creciendo, se siente cada vez más responsable de satisfacer las necesidades emocionales de sus padres, hasta el punto de darles los cuidados que él propiamente necesita.

Este cuento está escrito para conscientizar a los padres de esta situación y advertirles del daño que pueden ocasionar a sus hijos. También puede ser un medio excelente para que los niños acepten la rabia como un sentimiento positivo. Por otra parte, la narración pone de relieve que la naturaleza tiene un lenguaje especial que podemos aprender si le prestamos atención. Sería interesante iniciar a los niños en la comprensión de su lenguaje para que se conecten con la sabiduría de la naturaleza. Misión que cumple este cuento cuya motivación primordial es infundir a los niños fortaleza y autoestima.

ACTIVIDADES QUE SE PUEDEN REALIZAR

ESCENIFICAR   el cuento, adaptándolo al nivel de los niños.

EXPLORAR   las formas que hay de expresar la rabia, desde bailar un rock hasta tirar cojines, o hacer ejercicio. Realizar otras propuestas.

ENCONTRAR   recursos que podamos emplear para afrontar los malos momentos y nos sirvan para fortalecer nuestro interior. Pueden ser palabras, pensamientos u otras estrategias que nos ayuden a trascender situaciones negativas.

ENSEÑAR   a los niños a desarrollar la asertividad y la autoestima. Hay libros que nos pueden servir para este fin.

DIBUJAR la familia de animales preferida. Mostrar el dibujo en clase, explicar por qué se han elegido a éstos y qué nos pueden enseñar.

SALIR de excursión a la montaña o al campo y descubrir el lenguaje de la naturaleza. Si no es posible, contemplar un árbol y averiguar qué nos dicen las raíces, el tronco y la copa, del crecimiento.

PREGUNTAR a los padres cómo una persona cuida de sí misma. Después, en clase se puede hacer una lluvia de ideas y dialogar sobre el tema.

INVITAR a una persona con una infancia difícil para que nos cuente cómo aprendió a cuidar de sí misma y de qué forma superó las situaciones conflictivas. Sería interesante que fuera un maestro.

LEER poesías sobre montañas y elegir la que más les guste, para ponerla en el *tablero de poesías*.

ELEGIR la montaña que más les guste del mundo, poner su nombre en una tarjeta y detrás escribir sus características: el lugar donde se encuentra, su flora y su fauna, leyendas y anécdotas importantes... y de ser posible poner alguna foto de ella. Después se puede exponer en clase el trabajo realizado y pasar la tarjeta que se ha elaborado a los demás compañeros.

INVESTIGAR sobre los animales de sabiduría que aparecen en los cuentos. ¿Quiénes son?, ¿por qué razón han sido elegidos para representar el saber?

DARSE CUENTA de si han visto alguna vez algún árbol de los que cita el cuento: roble, encina o alcornoque. Averiguar las diferencias y semejanzas que hay entre ellos. Mostrar láminas, también se pueden ver diapositivas de estos árboles y pintarlos.

COMPROBAR si es verdad esta afirmación: *Sonríamos a la naturaleza. Quizás los árboles nos devuelvan su saludo cuando sople el viento.*

Fomentando la autoestima

Érase una vez un niño que se miró en un espejo. Cuando se vio no se reconoció, porque vio la imagen de una persona mayor.

En seguida el niño le preguntó:

–¿Tú quién eres?
La persona que estaba del otro lado del espejo le respondió: –Soy tú mismo, sólo que con unos cuantos años más.

–Si quieres puedo salir del espejo y acompañarte siempre, para ayudarte en lo que tú quieras –añadió la imagen.
El niño exclamó:

–¡Sí, sal de ahí!

La persona salió con esfuerzo. Primero, sacó una pierna, luego la otra, después los brazos... Y se quedó encogida en el lavabo. El niño riéndose le dijo:

–Pareces un poco torpe.

Ésta le respondió:

–No todo es bueno cuando eres mayor. Por ejemplo, no se cabe en cualquier parte.

Entonces el pequeño le dijo:

–Lo comprendo, te ayudaré a bajar.

Cuando bajó, los dos se abrazaron muy fuerte. Y de los dos desapareció el miedo. Pues se tenían el uno al otro para siempre. Así que agarrados de la mano caminaron juntos por la vida, con paso seguro.

Sugerencias didácticas

Nunca estamos solos, siempre nos acompaña la persona que fuimos y la que seremos; si sabemos escucharlas nos comunicarán su sabiduría. Conociendo a un niño, podemos ver el proyecto de persona que guarda. Evidentemente, cambiará con la vida, pero hay un sustrato de rasgos físicos, de cualidades y tendencias que perfilan su ser. Sin duda alguna, podemos ayudarlo a evolucionar relacionando al niño con la persona mayor que será. Así se aliviarán sus miedos y fomentaremos su autoestima además de la confianza en sí mismo. En las familias y en las escuelas, se puede potenciar esta relación nutriente realzando los aspectos positivos de la personalidad del niño; a la vez que se le va abriendo camino forjando proyectos con éste, que partan de sus necesidades y deseos. Este sería el contrapunto a las tradicionales etiquetas negativas que se le cuelgan a un niño, origen de los miedos y complejos de la futura persona. En este cuento se intenta crear esta relación, pero enfocándola desde una perspectiva bastante peculiar: desmitificando a la persona mayor y descubriendo al niño como maestro.

ACTIVIDADES QUE SE PUEDEN REALIZAR

CONTAR   el cuento cambiando los personajes. Los protagonistas pueden ser un niño y un hombre cuando se cuente por primera vez, luego puede ser una niña y una mujer.

ILUSTRAR   el cuento, creando dibujos para los distintos momentos de la narración, reconociendo al niño como ilustrador.

DIALOGAR   sobre las siguientes cuestiones: ¿Cómo ven a los mayores? ¿Qué tiene de bueno ser mayor? ¿Qué tiene de bueno ser pequeño? ¿Qué enseñarían a los mayores?, etc.

IMAGINAR   cómo serían de mayores, de ser posible pintar y escribir sobre ello.

HACER   una lista de las cosas que le pedirían a su persona mayor.

PEDIR   al maestro que traiga una foto de cuando era pequeño, preguntarle cómo era de niño, las cosas que más le gustaban y cuáles eran sus sueños sobre el futuro. Comprobar si se han cumplido, y si no es así, animarlo para que los realice.

Queridísima Italia

MILAN

Cantando la belleza del mundo

Aquella mujer no era una cantante cualquiera. La naturaleza se había recreado en ella para hacerla la más hermosa que pisara un escenario, y además, he aquí el prodigio, también le había dado la voz más sublime que se escuchara en el mundo desde hacía siglos. Una voz bellísima y poderosa, tan profunda que era capaz de despertar a las almas más dormidas. Pero, aquel milagro que había realizado el universo dotando a un ser con tales dones, se vio empañado por el infortunio. La divina naturaleza que todo lo compensa y equilibra, también le había concedido una gran desventura; el miedo a cantar en público.

Así que a aquella bellísima mujer, sólo la escuchaban cantar los muebles de su casa. El piano de pared estaba situado en una amplia habitación que daba a la calle. La luz bañaba la sala que dormía de amor, porque las maderas de aquellos muebles despertaban ante la bella voz de su ama. Las maderas parecían preciosas aunque fueran de simple formica, sus fibras eran penetradas por el canto y era tal el lustro que adquirían, que ni siquiera había que pasarles el trapo del polvo. Sí, estaban vivas por el poder del canto.

Las paredes cálidas de aquella habitación estaban decoradas con cuadros de estampas italianas, tan reales que parecían ventanas a otros siglos. ¡Ah, la época de Puccini, de Verdi! ¡Cómo se notaba el amor que la cantante les tenía a sus arias, a sus óperas. Los bustos de los grandes compositores custodiaban las partituras de sus obras en el hermoso piano, al son de un metrónomo. La lámpara de araña tejía dulcemente la luz de la estancia, dando realce al tapizado carmesí del sofá, a la alfombra de acuarelas, a las sillas de estilo que rodeaban la mesa grande de tonos castaños, situada al fondo. Todos los muebles de aquel salón sentían devoción por la dama que los cuidaba y les daba la vida con su voz. Sabían mejor que nadie cuál era su desgracia, porque ellos eran los únicos que tenían el placer de escucharla en el mundo.

El espejo dorado que reinaba en el salón, les informaba constantemente de su estado, porque él tenía el privilegio de mirarla todos los días varias veces. Y qué triste era su rostro cuando sonaba el teléfono para invitarla a dar un concierto, su belleza se nublaba de miedo. Entonces cantaba en soledad las arias más tristes de sus amados maestros. Puccini y Verdi aguantaban las lágrimas no por ser de piedra, sino más bien para no herirla. ¡Qué distinto era cuando la cantante olvidaba su miedo y entonaba *Nabuco*! Las vibraciones de su voz penetraban las texturas más densas y las cortinas bailaban a sus espaldas, la luz se volvía más transparente, más cálida. Las blancas magnolias reían en los maceteros brindando al aire un finísimo perfume de alegría. La Scala de Milán, en uno de los lienzos, añoraba sus mejores momentos, deseando que aquella artista pisara sus tablas para que los reyes se rindieran a sus pies.

Sin embargo, ahora tocaba callar y suspirar, no querían que ella supiera que los hacía vivir. ¡Menudo susto se llevaría¡ Bastante tenía con el miedo al público! ¡Italia, Italia!, suspiraban las hojas del ciclamen y de las partituras. ¡Queridísima Italia!, coreaba el círculo mágico de enseres cuando la cantante se retiraba a descansar, después de uno de sus grandes conciertos en solitario.

–Es tremendo –decía Puccini– me invade la nostalgia de mi tierra cuando la escucho, de tal manera, que cobraría cuerpo ahora mismo para llevarla conmigo a ver los paisajes de mi alma, y tocar junto a ella con el fin de que cantase a la esperanza.

–Nos ha devuelto a la vida –decía Verdi a la concurrencia pero nos va a matar de tristeza con su canto, si sigue así.

El espejo, gran señor de la estancia que conocía bien los misterios de su espíritu, dijo:

–Ustedes tienen razón. Podría decirles que hoy le ha pasado algo grave, quizás un sueño, yo diría que de gloria. Por eso ha cantado más triste que nunca, porque sabe que no logrará alcanzarlo.

–Pero tenemos que hacer algo –dijo una silla– un día va a arrancarnos tantas lágrimas que no podremos aguantarlas y se ahogará ella con nosotros. ¡Ahí viene, cuidado!

En ese momento todos volvieron a su posición y la acogieron en silencio. Ella se sentó en su butaca con su libro preferido: "Divos y divas del mundo". Lo miró y lo releyó de nuevo como tantas veces, deslumbrada por el valor de aquellos seres a los que creía dioses por haberse atrevido a cantar en un escenario. Cuando llegaba a los cantantes italianos suspiraba y volvía sus ojos a la Scala de Milán, el cuadro más grande que sustentaban aquellas paredes, exclamando: «¡Queridísima Italia!, te amo aunque nunca pisaré tu suelo». Las lágrimas corrían por su rostro, su llanto fue como una canción de cuna que esa noche actuó a la manera de bálsamo hasta quedarse dormida.

–¡Vaya, otra vez! –dijo Puccini que le prestó su pañuelo al candelabro para que no le goteara cera de sus velas–. ¿Qué podemos hacer por ella?

Un mueble rústico, se rascó la cabeza y pensó en voz alta:

–Podemos aparecernos en sus sueños y decirle lo que pensamos.

Todos aseveraron de la forma que sabían, los maestros aprobaron la idea, hasta el gran teatro de Milán la apoyó diciendo:

–Es nuestra única posibilidad. ¡Adelante!

Y fue esa misma noche, en aquel sueño donde los muebles de su habitación le hablaron por primera vez.

Se levantó del butacón y se dirigió al espejo para mirarse.
–¡Qué hermosa eres! –le dijo el espejo.
La mujer que soñaba no se sorprendió de aquello, pues ella misma se calmó diciéndose:

–Es normal, estoy soñando dentro del sueño.

Y le preguntó al espejo:
–¿Por qué me dices eso?

-Porque eres muy hermosa y no te das cuenta -le respondió-. Debes saberlo, debes saber lo que eres.

De pronto, escuchó un tumultuoso ¡sí!, en la sala y se sorprendió de que todos los muebles hablaran, pero no se asustó porque sólo era un sueño.

-Vaya, pero si hablan todos -exclamó asombrada, girando sobre sus pies para comprobarlo.

-Sí, -afirmaron en coro- tú nos das la vida con tu hermoso canto.

-Eso no es posible -dijo ella.

-Entonces, el maestro Verdi tomó la palabra:

-Aunque te parezca extraño, así es querida niña.
La cantante reconoció enseguida esa expresión del maestro, pues por lo visto de este modo se dirigió a las grandes divas.

-¡Maestro! -gritó sorprendida, e hizo una reverencia ente la estatua.

-Tu voz es tan hermosa -le dijo el músico- que me hace vibrar de emoción, y cuando te escucho cantar, no sé si soy una piedra o un corazón.

-Maestro, no sé qué decirle -respondió ella.

En ese instante intervino Puccini que no podía mantener por más tiempo su silencio:

-Suscribo las palabras de Verdi, y te diré más, nunca había escuchado tan bella voz.

Sus ojos se abrieron de par en par, ante las palabras del creador de La Boheme, su ópera preferida.

—Maestro, usted también habla... —dijo asombrada.

—Todos —afirmó Puccini— sabemos tu desgracia y lloramos contigo en silencio. Tu voz tiene que escucharla el mundo. No la ahogues por miedo, todos hemos tenido miedo.

Después, una voz ronca e imponente llamó la atención de la artista. Era la mismísima Scala de Milán quien se dirigía a ella:

—Te lo puedo asegurar querida, por mí han pasado muchos artistas. Yo mejor que nadie puedo hablarte de sus miedos. A los más grandes divos se les paralizó la voz de terror cuando pisaron por primera vez mis tablas, incluso algunos llegaron a desmayarse. Pero qué extraña capacidad la del ser humano de resurgir más fuertes con mayor esplendor de sus miedos. Cuántas veces he vivido esto, y me ha maravillado más que una voz. El ansia de dar ocupó el lugar de sus temores, por eso han estado aquí cantando a la belleza del mundo, resucitándola con la belleza de su voz. Despertando las más sutiles emociones para que los corazones se vuelvan más sensibles y aprendan a amar a la humanidad.

En ese momento las magnolias tomaron la palabra y le hablaron de esta manera:

—Tú tienes ese don, no puedes acallarlo, la humanidad lo ansía por eso te tortura dentro. Pues, como el pájaro eres un instrumento para el trino. Ese don no es tuyo, es de la vida para alegrar a los seres con el fin de que sigan viviendo y que la naturaleza siga su curso. Ese tesoro que tienes es de la humanidad, por lo tanto tienes que darlo.

La muchacha se volvió a los maestros que asintieron, ante la verdad que había dirigido sus propias vidas. Porque ellos también habían sido un instrumento de la divinidad, para avivar la llama del gozo en el corazón del ser humano.

La mujer volvió a sentarse en el sillón de sus sueños en actitud seria, y se sumió en la aurora de su ser para despertar con ella el nuevo día. Al abrir los ojos, una idea cruzó como un cometa por su mente: Mi voz no es mía, es del mundo. Se levantó y se miró al espejo. Por primera vez se vio bella. Arregló algunos mechones de sus cabellos y se dirigió al piano, saludando a los maestros de piedra como si estuvieran vivos. Miró a su alrededor con cierta solemnidad; sus muebles serían los primeros en escuchar el primer concierto que daría con total conciencia de su ser. En ese instante su mirada se posó en la Scala de Milán y se dijo: «Queridísima Italia, pronto nos veremos». Y comenzó a cantar dándose cuenta de que cantaba a la vida, al alma del mundo. Miró a las flores de sus macetas y sintió que le sonreían. Su miedo se tornó en alegría de dar y descubrió el idioma de los pájaros. Para siempre, toda ella se volvió canto.

Sugerencias didácticas

Un abuelo navajo llevó a su nieto a la montaña más alta del entorno. Cuando estuvo en la cumbre, le mostró al niño la creación y le dijo: «Estamos aquí para cantar la belleza del mundo». Nadie pudo definir mejor la misión del ser humano, el porqué de nuestra existencia en la Tierra.

Hay muchas formas de cantar a la belleza, pero, sin duda, la música es una de las más sublimes. Por este motivo, me he propuesto crear una línea de cuentos que promuevan el amor a la música y apoyen a quienes posean dones musicales.

Quiero por último recordarles que todos podemos cantar e inventar canciones. Y que en nuestra mano está recuperar la inspiración popular, creadora de la música más vibrante y profunda, la que ha logrado expresar el alma de los pueblos.

ACTIVIDADES QUE SE PUEDEN REALIZAR

CREAR   una melodía y ponerle letra para hacerla canción.

EVOCAR   un lugar, una situación, que le sugiera una pieza musical y después describirlos.

ESCRIBIR   una poesía o un cuento inspirándose en su pieza musical preferida.

COMPARTIR la canción que más les guste con sus compañeros. La pueden tararear, copiar su letra y pasarla a otros.

ESTUDIAR la geografía de los pueblos a través de su música. Si no podemos ir de visita a los lugares de nuestros sueños, sí que podemos escuchar su música e imaginar cómo son su gente, sus costumbres y, sobre todo, su forma de sentir. Buen viaje.

ESCUCHAR distintos tipos de música: rock, baladas, pop, ópera, música religiosa, música popular, etc... Descubrir qué tratan de expresar, e investigar su origen.

BAILAR   Poner varias piezas de música en concordancia con los sentimientos que expresan. Hacer un pequeño montaje en el que se combinen melodías alegres, melancólicas, agresivas, tristes, caóticas, etc.

Después expresar con el cuerpo los sonidos, para a continuación comentar qué han sentido y qué han descubierto.

DIALOGAR   en clase sobre los dones que creen tener y los miedos que paralizan la expresión de esos dones.

Aprovechar esta actividad para favorecer el apoyo mutuo entre los compañeros.

INVESTIGAR   sobre la vida de Verdi y de Puccini. ¿Qué obstáculos tuvieron que superar para realizar sus sueños? Escuchar algunos fragmentos de sus mejores óperas.

C55/E1/R1/01

Esta edición se terminó de imprimir en diciembre de 2001. Publicada por ALFAOMEGA GRUPO EDITOR, S.A. de C.V. Apartado Postal 73-267, 03311, México, D.F. La impresión y encuadernación se realizaron en DESARROLLO GRAFICO EDITORIAL, S.A. de C.V. Municipio Libre No. 175, Col. Portales, Benito Juárez, 03300, México, D.F.